U0876944

供应链重构

打造以消费者为中心的数智化链路

陈晓曦——著

人民邮电出版社

北京

图书在版编目（CIP）数据

供应链重构 ：打造以消费者为中心的数智化链路 / 陈晓曦著. -- 北京 ：人民邮电出版社，2022.5（2023.5 重印）
ISBN 978-7-115-58306-2

Ⅰ. ①供… Ⅱ. ①陈… Ⅲ. ①消费者行为论—影响—供应链管理—研究 Ⅳ. ①F713.55②F252.1

中国版本图书馆CIP数据核字(2021)第259976号

◆ 著　　　　陈晓曦
责任编辑　马　霞
责任印制　周昇亮

◆ 人民邮电出版社出版发行　　北京市丰台区成寿寺路 11 号
邮编　100164　　电子邮件　315@ptpress.com.cn
网址　https://www.ptpress.com.cn
北京七彩京通数码快印有限公司印刷

◆ 开本：700×1000　1/16
印张：14.25　　　　2022 年 5 月第 1 版
字数：170 千字　　　　2023 年 5 月北京第 3 次印刷

定价：79.80 元

读者服务热线：(010) 81055296　印装质量热线：(010) 81055316
反盗版热线：(010) 81055315
广告经营许可证：京东市监广登字 20170147 号

前言

从“顾客是上帝”到“用户至上”，再到“以消费者为中心”，这类口号虽然用词发生了变化，但内涵一致，它们已经被高呼多年，我们对此并不陌生。在产品供给丰富、渠道平台选择多样的形势下，为了抢占消费者心智，越来越多的企业将“直达用户”“以消费者为中心”写进了经营理念和发展策略中，也越来越认识到需要准确、高效地洞察消费者需求，并将这种需求传递至研发、生产、销售、配送等环节，以快速响应需求。企业管理者们对构建直达消费者的模式愈加重视，希望缩短企业到消费者的链路距离，与消费者建立更加紧密的关系，围绕消费者需求打造独特的产品、加快履约配送速度、优化购物体验。罗兰贝格（Rolard Berger）在其研究报告中指出，当今企业亟须前瞻式布局，贯彻直达消费者的战略思维，顺应时代的新消费浪潮，缩减中间渠道，精准、及时、灵活地满足消费者需求，全方位优化消费者体验，从而在行业变化中脱颖而出。

对消费品企业而言，消费者至关重要：没有消费者就没有消费，没有消费，企业就没有收入。如今的消费者互联程度高、资讯获取渠道多，以往通过信息不对称来赚取产品差价的模式已很难生存；如今的消费者对履约交付的要求也越来越高，不仅希望有多种方式供自己选择，还期望有更快的交付速度，当日达正在成为一种标配。全渠道新零售的核心也从“以产品为中心”转变为“以消费者为中心”，更加强调需求驱动和消费者体验。但是为什么部分消费者还未能深刻地感知到企业是以他们为中心的？为什么“以消费者为中心”在更多时候仍只是企业营销宣传文案中的广告用语？究其原因，主要还是缺乏与“以消费者为中心”这一理念相匹配的供应链模式——传统的供应链偏向于追求低成本、高效率，而对消费者体验的关注则较少。

“以消费者为中心”战略需要以消费者为中心的供应链来支撑。毕马威的研究表明，采用以消费者为中心的供应链，通过关注消费者体验，可以帮助企业提升 1%~4% 的销售业绩、减少 5%~10% 的运营费用及降低 20%~30% 的库存。随着企业间的竞争从产品竞争、渠道竞争转变为供应链竞争，企业的竞争优势主要来自整合、协同供应链合作伙伴，以相对较低的总成本及较高的效率，满足最终消费者需求并提高其满意度。

那么，什么是“以消费者为中心的供应链”？本书尝试给出答案，将其定义为：在深刻洞察消费者需求的基础上，以合理的成本、最优的速度以及适度的灵活性，实现供需匹配、产销协同，提升消费者满意度，获得更多供应链利润。以消费者为中心的供应链具有需求驱动、全链条数字化、可视化、敏捷性、复原力、大规模定制化、细分供应链、全渠道交付等关键要素。

消费者的需求特征及不断提升的期望水平，是企业构建以消费者为中心的供应链的驱动力，因为企业需要迅速、准确地把握消费者需求，推出符合消费者需求的新产品，并改善消费者体验。企业逐渐意识到，让消费者感到愉悦和创造更好的消费者体验，是供应链管理的重要事项。

未来的企业将以消费者为中心，重构研发、生产、销售和配送的逻辑关系与互动链条，以创造一致的、良好的消费者体验。

数字化技术及其应用则是企业构建以消费者为中心的供应链的重要基础。数字化转型是构建新型供应链的基础前提，物联网技术有助于增强供应链的可见性，预测性分析技术能帮助企业增强自主决策能力，人工智能算法可以增强供应链的自主决策能力，无人化物流技术正在提高供应链的运作效率，3D 打印技术将大大缩短供需间的距离，区块链技术可以帮助供应链生态网络形成自信任机制，……“以消费者为中心”战略应与“数字化升级变革”策略相结合，通过数字化技术实现信息流在供应链全链条的顺畅流转，促进各供应链主体的协同配合，使企业能够适应且快速响应市场的需求变化，提高满足消费者期望的能力水平。

在一个日益以消费者为中心的商业世界里，改变原有供应链管理模式是企业越来越迫切的需求。在了解了定义及关键要素之后，我们又该如何建立以消费者为中心的供应链？本书在综合大量研究报告及实践案例的基础上，归纳并总结了包括数字化企业的消费者触点、洞察需求并将洞察力转化为驱动力、以消费者为起点规划供应链体系、增强生产供应端的敏捷性与柔性、实现分销商库存协同管理、建立全渠道快速履约的物流服务体系、重视风险管理并增强供应链复原力、优化供应链管理的评价指标等在内的 8 点提示，以期为企业提供一套有参考价值的、可落地的方案。本书还通过总结犀牛智造、联想、优衣库和亚马逊等企业的实践案例，更直观、更具象地分析了如何在柔性制造、智能质量管理、客户服务、零售体验等方面实现以消费者为中心。

在当前全球竞争激烈的时代，构建一个与发展趋势、业务战略相匹配的供应链管理模式对企业的长期发展至关重要。将以消费者为中心从口号变为现实，需要企业及其供应商合作伙伴共同升级变革供应链管理模式；线上线下边界模糊、消费者需求变化快、个性化与多元化日益突出、新产品生命周期短、履约要求不断提高等新特点，正迫使企业在供应链管理中寻找更具创造性、更具竞争力的方法和策略，实时感知、及时响应消费者需求，提供卓越的消费者体验，同时缩短新产品上市周期，削减总成本和提高效率。

目录

001 第一章

走进消费者掌权时代

059 第二章

定义以消费者为中心的供应链

083 第三章

数字化转型是构建新型供应链的基础前提

CHAPTER1

第一章

走进消费者掌权时代

国家统计局相关数据显示，2020年，我国人均GDP超过10000美元，按常住人口计算，城镇化率超过60%；2019年，全国居民每百户电冰箱（柜）、空调、电视机拥有量分别达到100.9台、115.6台及120.6台，洗衣机的数值略低一些，但也达到了96.0台；2020年，每百户家庭手机拥有量达到253.8部。另据公安部的数据，2020年年底，我国汽车保有量达到2.81亿辆，千人保有量在190辆左右，估计到2030年可以达到289辆/千人。

种种数据表明，随着工业化、城镇化的发展，我国居民收入不断增长，各类消费品已渗透至普罗大众的生活中。

与此同时，第七次全国人口普查的数据显示，2020年，我国的出生人口为1200万人，相较于2016年的1786万人，下降人数超过580万人；即使在全面实施两孩政策的背景下，生育率仍然不理想，育龄妇女总和生育率仅为1.3。与少子化相伴的，则是我国加速走向老龄化社会。2020年，我国65岁及以上人口占比达13.5%，预计到2022年将上升至14%以上，到2033年可能超过20%。

这些数据特征与日本“第三消费时代”时期的数据特征相仿，因此我们可以大致判断，当前我国的居民消费整体上处于“第三消费时代”。在“第三消费时代”，人们的自我消费意识逐渐觉醒，由大众消费向个性消费转变，更加注重个人标签的差异化，大众个性化自我表达的欲望比上一代人更强烈；单身独居人群不断增加，“不婚族”“丁克族”越来越多，促使消费单元由家庭转变为个人，一部分人更关注为创造自己的生活方式而消费。在此背景下，个性化、多元化、品牌化、高端化、体验式消费领域快速发展。

2017—2020年消费者满意度一级指标得分显示，消费者对“消费供给”的满意度在2020年首次超过80分，高于对“消费环境”的满意度，在历年的各个维度中得分最高，如图1-1所示。这说明市场产品和服务供给的层次、效率和创新已然足以满足消费者需求，因而消费者从“数量”追求转向“质量”追求，对消费过程中的消费感知、消费体验、消费互动有了更高的要求。

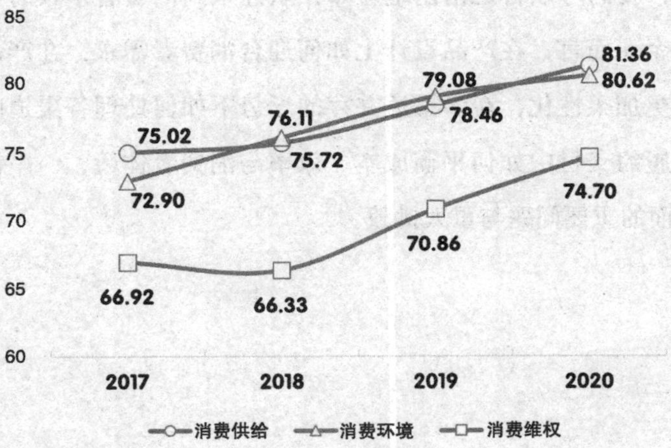

数据来源：中国消费者协会

图1-1 2017—2020年消费者满意度一级指标得分

正如阿里妈妈在一份报告中所称的，如今的消费者已不再是“游牧时代”中逐“水草”追潮流、同质泛化地做出消费选择的“游牧民”，而是转变为“采猎时代”里回归自我需求、“随波而不逐流”、精准“狩猎”货品的“采猎者”，其消费行为在本质上已经从“游走式的挑选”转向“目的性的采集”。因此，同质化的产品难以得到消费者的认可，产品力的体现将更多地集中于极致的用户体验、品牌独特性，甚至是给消费者带来的荣誉感。

广发证券发展研究中心则认为，随着快递物流成本及效率的迭代优化、移动互联网技术的广泛应用、线上线下渠道的深度融合，全新的渠道格局正在形成，渠道成为获得一手消费者数据的途径，能够掌握消费者数据并及时调整生产的企业迅速崛起，以消费者为中心正成为企业获得竞争优势的核心。

因此，我们可以言之凿凿地宣布：欢迎来到消费者掌权时代。对身处其中的企业而言，在产品设计上如何迎合消费者需求，在产品生产上如何变得更加柔性化，在多渠道并存的形势下如何处理各渠道间的利益关系，在履约交付中如何平衡成本、效率与消费者体验，……都将成为其必须直面的重要问题与重大挑战。

第一节 新技术规模化应用带来新模式、新业态

数智化时代的“灯塔工厂”

需求越来越多元化、个性化的消费者对消费体验的要求越来越高，小批量多频次订单、定制化订单的比例越来越大，订单履约要求越来越高，……这些都让企业倍感压力。多数领域的市场竞争已趋近白热化且日益复杂，受多种因素影响，原材料、资金、土地、劳动力等资源要素成本呈上涨态势，资源投入的边际效益在递减，实现降本增效仅能成为行业中的“合格生”，企业还需要想办法通过别的途径创造差异化竞争优势。适逢第四次工业革命席卷全球，越来越多的企业寻求通过技术创新、技术应用来开辟第二曲线增长路径，行业变革已经达到史无前例的高度、广度和深度。而消费者愈发追求快速交付的定制化产品，则成为市场变革的主要驱动力。

然而，这种变革目前仍然是在迷雾中摸索前行。为了更好地探究数智化柔性生产的前路，世界经济论坛（World Economic Forum）联合麦肯锡（McKinsey & Company），于2018年开始在全球范围内的上千家工厂中评选认证具有典型代表意义及表率作用的“灯塔工厂”，希望它们能如同茫茫大海中的灯塔一般，照亮各行业的数智化变革进程。

“灯塔工厂”是指规模化应用包括物联网、数字化、自动化、大数据分析、预见性分析、虚拟现实以及增强现实等在内的第四次工业革命技术、引领第四次工业革命技术普及的生产场所或工厂。截至2021年，已有

69家工厂入选“灯塔工厂”，其中分布于中国的有近20家，包含阿里巴巴、青岛啤酒、宝钢、福田康明斯、富士康、海尔、美的、上汽大通、潍柴、纬创资通等品牌企业，涵盖消费品制造行业与工业品制造行业。

在这些“灯塔工厂”中，有的专注于单个工厂内部的变革与优化，如将高阶工业物联网应用于流程优化，使用数字孪生技术进行柔性生产，应用机器视觉驱动生产周期缩短和换线优化，使用5G传感器收集数据以优化能源管理，基于边缘传感器进行实时综合成本优化，将数字孪生技术用于远程生产优化等；另外，更多的“灯塔工厂”则侧重于打通端到端价值链，基于生产数字化变革，为消费者提供高度按需定制的服务，协同设计与生产以缩短产品上市周期，通过远程互联分析提供产品增值服务，打造全链条互联透明的供应链。

这些进行端到端价值链优化的“灯塔工厂”有一个关键特点：在数字化技术的帮助下，联动协同供应链上的不同利益相关方，实时共享数据，快速应对需求波动，通过各种解决方案创造以消费者为中心的差异化体验，共同重塑用户体验。这带来了从下单到交付的用户体验的整体变革，为下游消费者和上游供应链创造了新的价值，远超传统生产模式下实体商品所带来的功能增值。

从具体的方法上看，进行端到端价值链优化的“灯塔工厂”主要通过以消费者为中心进行流程设计与运营优化、跨部门无缝连接以提升决策效率、跨组织持续连接以创建新的制造生态系统3种途径，实现企业价值的提升。

高度概括的概念式总结，仍然只能解决“知其然”的问题。为了能更好地、更具象地说明“其所以然”，我们挑选了海尔以COSMOPlat平台为支撑打造以消费者体验为中心的大规模定制模式的案例，详细介绍这一类进行端到端价值链优化的“灯塔工厂”。

海尔在 2018 年时便入选了“灯塔工厂”，是当时我国第一家也是唯一一家入选的企业，其入选的主要根据便是基于 COSMOPlat 平台的大规模定制模式。如图 1-2 所示，大规模定制与传统的大规模制造模式有本质上的区别，在这一模式下，海尔从生产环节开始便与消费者连接起来，让消费者参与需求交互、产品设计、产品生产和服务的全流程，改变过去为库存生产的范式，转而为消费者体验而生产，实现“产销合一”。COSMOPlat 平台架构体系由“1+7+*N*”构成：1 为主平台；7 为交互定制、开放创新、精准营销、模块采购、智能制造、智慧物流和智慧服务等七大模块；*N* 指将 COSMOPlat 平台推广应用于衣、食、住、行、康、养、医、教等 *N* 个行业，希望通过模式、科技和组织三大维度的创新，助推传统行业的数智化转型变革。

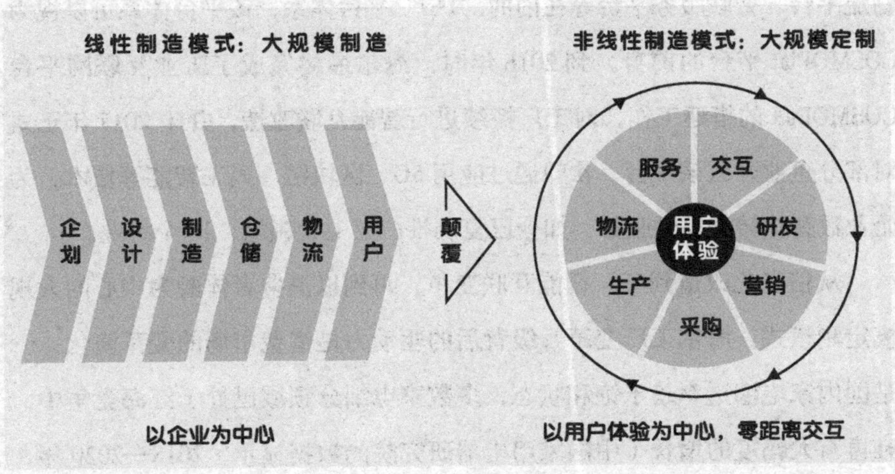

图片来源：COSMOPlat 平台手册

图 1-2　从大规模制造到大规模定制

当然，万里长城非一日之功，海尔大规模定制模式的打造也经历了十几年的历程，其中的七大模块是海尔在探索建立互联工厂时期逐步发展并演化而来的。

自2007年开始，海尔以业务流程再造为基础，以订单信息为中心，拉开了“全力打造信息化时代的海尔”的帷幕。2008年，海尔上线了订单信息流、物流、资金流“三流合一”的全球信息化增值系统（HGVS）；同一时期，海尔在企划开发、采购、制造等职能领域推行模块化作业，建立了涵盖沟通、销售、服务、维修、回访的全面立体用户服务体系，并通过统一的数据后台监控供应商方面的差异化要素，对消费者与供应商实行网络化管理。2012年之后，海尔开始探索打造智能互联工厂，发展大规模定制模式，并为此逐步构建了包含U+智慧综合平台、用户交互定制平台、零距离即时营销平台、开放创新平台、模块商平台、智能制造平台、智慧物流平台、智联服务平台等在内的“1+7”平台体系，该平台体系可以视为COSMOPlat平台的前身。到2016年时，海尔最终完成了工业互联网平台COSMOPlat的搭建工作，对工厂持续进行智能互联改造，并于2017年正式对部分企业开放该平台，希望通过应用5G、区块链、人工智能等技术，为企业数智化转型提供服务，如今已复制推广至七大领域、15个行业。

从信息化改造到工厂智能互联变革，再到以消费者体验为中心的大规模定制模式，海尔工厂变革升级背后的驱动力是消费市场的变革演化：一是国内家电渗透率趋于饱和状态，多数家电细分领域已处于红海竞争中，难再有大幅度的增长（中国家用电器研究院的数据显示，2018—2020年，国内家电市场销售额增速分别为+1.9%、-2.2%和-9.2%）；二是消费者对家电的诉求变得更为复杂，不再满足于功能、性能上的提升，而是增加了在生活空间中满足其情感需要的诉求，而且希望企业对大件家电也能提供小件快递的快速履约服务及送装协同服务；三是个性化需求越来越强烈，提前批量生产、用库存满足订单需求、向渠道商大量压货等传统做法显得越来越不合时宜，容易造成库存积压、资金占用、利润下滑等问题。

因此，如何在满足消费者个性化需求的同时实现规模化效应，以及如何解决个性化需求与规模化制造之间的矛盾，成为海尔转型升级中绕不开的难题——仅用机器取代人工、将生产线改造成自动化生产线，显然不足以解决上述问题。也正是在解题的过程中，海尔不断摸索与修正，逐渐打磨出以新技术平台为支撑、以消费者体验为中心、以“人单合一”“产销合一”管理为核心的大规模定制模式。

新技术平台即 COSMOPlat 平台，其技术架构划分为 4 个层次，如图 1-3 所示，第一层为边缘层，通过各类通信协议实现终端设备连接、数据采集上传、边缘数据管理，并实现设备上网互联，让终端设备拥有数据采集、存储、上传和分析等智慧化能力；第二层为 IaaS（Infrastructure as a Service，基础设施即服务）层，通过设备数据的云化，提供大数据云平台服务，实现数据存储管理、网络管理、数据库管理、安全管理、异地容灾管理，同时打造“集装箱式”设备，实现硬件开箱即用；第三层为 PaaS（Platform as a Service，平台即服务）层，搭建 DevOps（Development 和 Operations 的组合词，一组过程、方法与系统的总称）服务和天工 OS（Operating System，操作系统）平台，提供六大类融合服务工具，并将工具模块软件化，以方便第三方开发者在平台上进行迭代开发；第四层为 SaaS（Software as a Service，软件即服务）层，通过网络提供软件服务，便于不同行业的工厂根据自身业务特点及生产场景，按需抽取功能模块重组应用，同时各行业工厂也可以成为平台的合作伙伴，出售自己研发的软件。

图片来源：COSMOPlat 平台手册

图 1-3　COSMOPlat 平台技术架构

平台一端对接众多软件资源、硬件资源、服务资源、业务资源、研发资源、供应商资源，通过开放的工业 App 生态，接入大量合作伙伴；在研发资源中，既有海尔内部的研发人员，也有外部科研机构、职业研发机构以及高端研发人才。平台另一端则直接对接各类消费者，消费者既可以通过论坛、App、社群等互动渠道向平台提出自己的需求或不满，也可以通过投票、填写问卷等方式选出自己心仪的概念产品，相应信息将被推送给相关流程环节或资源方，经过确认、判断后，推动原有产品优化或新产品研发。

消费者的需求或不满，可以快速传递至设计、采购、制造、物流或售后等全流程的各个节点，促使各环节及时做出反馈，及时满足消费者需求，解决大规模生产和个性化需求的矛盾。同时，海尔改变了对员工价值的考核激励机制，由企业内部评价转变为由消费者评价，以促进供应链各环节的自管理、自优化。

例如，2015 年 6 月，一位网友在海尔“众创汇”平台上发布了一个诉求：“空调各种不‘给力’，有没有一种专门针对孕妇和婴儿的空调？……”这个帖子得到了平台上众多准父母的响应，进而引起了海尔空调研发设计团队的注意。需求工程师梳理总结了消费者的反馈，并不断讨论、修正，结合消费者对功能需求点的投票情况，最终形成两套产品方案，随后在社群中发起概念产品预售，在几天时间内便获得 2000 个产品订单。这一过程完全改变了以往“研发—生产—售卖—反馈—改进”的家电产销流程，将消费者触点提前至研发阶段。海尔研发团队完成了 42 次创意及方案交互，交互量超过 224 万，收集的有效迭代意见超过 100 条。最终，研发团队与消费者共同完成了母婴空调新产品的研发工作。

海尔不再按“制造”与“销售”流程来划分管理组织，而是以捕捉和满足消费者需求为出发点，按照“创单”与“体验”两类要素来形成链群：由创单链群创造消费者体验，由体验链群传递消费者体验。海尔让消费者参与研发、生产、交付、售后的全流程，同消费者、合作伙伴一道完成产品的研发与制造，促进消费者向终身用户转变，从而建立起持续乃至终身的互动关系。而且只有当创意得到一定规模的消费者的响应后，海尔才会立项进入下一环节，从而解决了个性化定制与大规模生产之间的矛盾。

后疫情时代的“无接触交付”

2019年年末、2020年年初，一种不知名的病毒突然出现，并迅速发展成为波及全世界的“黑天鹅”事件。后来，我们将其命名为新冠病毒，国外称COVID-19。截至2021年8月9日，新冠病毒引发的全球性疫情累计感染人数超过2亿人，并带来约430万例死亡病例。

这一罕见疫情的破坏力超出大多数人的预料与想象，不仅对全球经济造成沉重打击，也在一定程度上改变了我们的生活方式。疫情防控期间，为了有效减少病毒传播路径，人们被劝说尽量减少外出，活动范围缩小至住宅、社区或村庄，但是人们对生活必需品的需求仍然存在。人不动则需货动，人们对“最后一公里”配送的需求快速增加，需要商品被直接送至小区门口或家门口。在“停摆”的城市中，配送骑手们成为城市“摆渡人”，串联起商家、商品与消费者。在武汉封城的76天里，仅美团就完成了396万单配送订单。

同时，为了最大限度地降低“人传人”的风险，政府发出了减少非必要面对面直接接触的倡议，这让更多人看到了无人配送的必要性和价值。疫情高峰不仅引发了很多生产端的供应中断，也让末端配送出现了“断链”的情况。为了保障消费者体验不出现大滑坡，众多外卖平台、生鲜电商平台、物流配送平台在疫情期间纷纷推出无接触配送服务。从2020年2月18日开始，美团无人配送车“魔袋”在北京顺义多个社区投入运营，开启常态化无人配送，服务于美团买菜的用户。京东物流也是积极参与者之一，在2020年大年初一迅速成立无人科技应急小组，不到半个月便完成了武汉无人配送的相关部署工作，并于2月5日完成武汉的首单无人配送。之后，京东物流陆续向武汉投放无人配送车约30辆，配送物品从医疗抗疫物资逐步扩展到日常生活用品，运送包裹约 1.3 万件，行驶总里程超过 6800 千米。

疫情期间，美团、阿里巴巴、京东物流、苏宁物流、百度、华为等行业巨头，以及新石器、白犀牛、行深智能、一清创新、驭势科技等创新企业，纷纷推出无人配送车，大大加深了公众及商家对无人配送的了解与认知。虽然现在人们逐渐回归到以往的生活，但是公众对无接触配送的认知与接受度却已建立起来了。麦肯锡预测，10 年后将有 80% 的快递包裹采用自动配送方式；一览众咨询则估计我国自动驾驶的低速物流配送车在 2025 年时的年销量将达 8 万辆。

不过，疫情对无人配送更多的是起加速催熟作用，国内企业对无人配送的尝试，可以追溯到 2016 年左右。专注于自动驾驶智能车系统开发和推广应用的智行者科技成立于 2015 年，旗下的蜗必达无人配送物流车产品在 2017 年便在清华大学、中国人民大学校园内进行了常态化测试及试运营。京东“X 事业部”在 2016 年发布了其研发的无人配送机器人，并从 2017 年开始在北京、上海、长沙、西安的多所高校及产业园区内进行试点运营，同年“6 · 18”期间则在北京海淀开启了首次全场景规模化运营。美团则在 2016 年成立 W 项目组，后更名为无人配送部，于 2017 年推出自研无人车“小袋”，并于 2018 年在北京朝阳大悦城、北京首钢园、雄安新区、深圳联想大厦、松江大学城等地进行测试运营。得益于近 5 年的探索与积累，当疫情期间产生大量“物理非接触”需求时，无人配送领域的玩家们才有能力快速响应需求并推动行业的快速发展。

行业巨头不约而同地盯上无人配送这门生意，背后有 3 个主要原因。一是末端配送存在配送货物品类多，配送环境、路径、场景复杂，消费者配送要求愈加多样等主客观痛点，导致配送服务水平参差不齐、配送效率难以进一步提升。二是快递订单、本地生活配送订单数量快速增长，适龄劳动人口及愿意从事配送工作的劳动力在不断减少，导致配送员的供需矛盾越来越大，对应的配送成本也在不断上涨。每日优鲜曾表示，从前置仓到消费者的最后 3 千米的配送费用，占其整体物流成本的 2/3 以上。三是物联网、人工智能、大数据、高精度地图、智能导航等技术的不断发展与成熟，基本扫清了无人配送车的技术障碍。

在与无人配送车相关的技术中，我们重点讲一下高精度地图。与我们日常使用的导航地图相比，应用于自动驾驶的高精度地图主要有 3 处不同。一是精准度更高，一般绝对位置精准度接近 1 米，相对位置精准度可以达到 10~20 厘米。二是更专注于驾驶，其所提供的信息不仅包含实时交通情况、交通事件等内容，更包含车道曲率、车道坡度、限高限重限宽等与货运高度相关的信息；同时会记录包括典型驾驶行为、最佳加速点及刹车点等在内的驾驶行为细节。三是侧重于数据输出，而不是视觉呈现，因为高精度地图的使用者主要是机器设备，其作用主要在于为自动驾驶车辆提供“行动指南”，而非给驾驶者导航。

高精度地图是如何为自动驾驶车辆提供“行动指南”的呢？这一过程可以划分为两个阶段：第一个阶段是实现自我感知，以地图信息为基础，结合车载的激光雷达、摄像头、视觉识别等设备获取的实地场景信息，确定车辆的相对位置，并通过全球导航卫星系统、惯性导航系统等技术确定车辆的姿态、绝对位置和速度；第二个阶段是提供决策支持，根据自我感知的数据，结合车联网技术、云端平台、边缘计算等技术，提供运力调度方案、配送路径规划、行驶轨迹规划，最大限度地降低配送成本并缩短调度时间和行驶里程。

目前，无人配送车已在多地开展了试点运营，投入的车辆也越来越多，如京东物流已投入30多辆无人配送车，与江苏常熟合作建设“无人配送城”。但是，目前的无人配送领域仍然存在不可回避的问题或困难。首先，研发制造成本过高。虽然经过迭代优化后，一辆无人配送车的造价已从初始的60万元左右下降至目前的20万元左右，但这一成本仍高于市场预期，在目前的人工成本下也未显现出其人工替代优势。其次，车辆应对开放式复杂路况的能力仍有待增强。机器学习能力、应对多元复杂需求时的决策规划和运动控制技术、车辆稳定性等仍有不足，因此目前试运营的场景多是高校校园、产业园区、港口等相对封闭且路况较为简单的环境。最后，目前更多依赖于“人机协同”，绝大多数无人配送车无法满足上楼的配送要求，只能配送至楼下，然后由快递员或骑手配合完成最后一个环节的工作。因此，无人配送模式在未来很长一段时间内，仍将更多地扮演劳力补充、辅助配送的角色，以改善快递员或骑手的工作环境及提高他们的效率，进而优化消费者体验。

全渠道时代的“无界零售”

淘宝、京东等电商平台在刚上线时，其宣传口号不乏取代实体店之意，有些媒体甚至鼓吹未来将出现大多数人不再逛街购物的“万街空巷”景象，那时的电商平台被线下实体店的经营者们视为“洪水猛兽”。电商渠道也因其低价、便利性、选择空间大等特性而快速发展。2020年，我国实物商品网上零售额达9.76万亿元，在社会消费品零售总额中的占比上升至24.9%，如图1-4所示。其中，洗护用品、美容美妆、食品饮料、数码家电、服饰箱包等品类的线上渗透率均超过24.9%；奢侈品近年来的线上渗透率也在快速增长，第十九版《贝恩奢侈品研究》显示，全球的奢侈品网上购物的占比在一年间几乎增长了一倍，预计到2025年，电商平台将成为奢侈品的主要购买渠道。

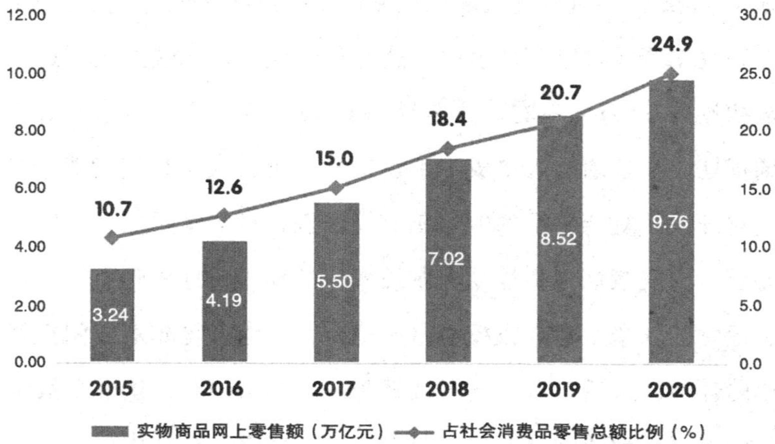

数据来源：国家统计局

图1-4　2015—2020年我国实物商品网上零售额及占社会消费品零售总额的比例

虽然我国电商在快速发展的过程中衍生出微商、O2O、社交电商、社区拼团、直播电商等众多细分业态，但时至今日，线下零售占比仍超过75%，线上电商渠道对原有实体业态有冲击，但还谈不上取代。尤其是自2015年后，各大电商平台的获客成本呈逐年上涨趋势，线上流量红利逐步消退，加之“90后”“00后”等新生消费群体更加注重个性化、场景化消费，促使天猫、京东等线上平台开始通过自建或赋能等方式拓展线下实体渠道；线下实体渠道也在探索中发现线上、线下并非完全对立，线上电商难以实现线下的实物感知和场景体验，线下实体的客群覆盖范围及销售效率又远不如线上，两者各有优劣，而且可以通过App、小程序等途径实现线上线下流量的互引互补，加之即时配送服务的完善，更加模糊了线上线下的界限。自此，线上线下“对战”、新旧零售争论逐步平息，经营者们更注重商业本质的回归，聚焦以消费者体验为中心，开启渠道融合与创新，由此进入全渠道时代。麦肯锡预计，全渠道分销的总价值将继续以每年 7% 的速度增长。

成立于 2009 年的酒类垂直电商酒仙网，自 2017 年开始积极拓展线下品牌连锁业务，并以特许经营的方式逐步设立“酒仙网国际名酒城”“酒快到”两类线下连锁店。截至 2020 年年末，酒仙网在全国 31 个省及直辖市共有在营业国际名酒城门店 549 家、酒快到门店 348 家；2020 年线下渠道实现销售收入 8.9 亿元，占酒仙网主营业务收入的 24.07%。线下品牌连锁业务依托线上云计算、LBS（Location Based Services，基于位置的服务）等技术，又于 2018 年下半年推出“酒真快”快速送达服务，以满足同事聚餐、家庭聚会等酒水即时消费需求；消费者通过酒仙网 App 及美团、饿了么等第三方外卖平台下单，线上订单将流转至距离消费者最近的酒仙网国际名酒城或酒快到门店，由门店将商品交由自配车辆或骑手完成配送。酒仙网以线上流量赋能线下门店，又将线下门店作为“前置城市仓”以满足消费者的时效性需求，实现了线上线下的优势互补与深度融合。“酒真快”模式在 2020 年为线下门店引流超过 3800 万元。

如图 1-5 所示，酒仙网的后端配送体系主要分为三大类：一是通过酒仙网自有电商平台、直播平台等销售的商品，由酒仙网的仓库出货，交由合作的快递企业进行履约交付；二是通过天猫、京东等第三方电商平台销售的商品，由合作的第三方物流企业运输至电商平台指定的仓库；三是通过门店销售的商品，可由消费者到店自提或通过即时配送服务送至消费者手中。

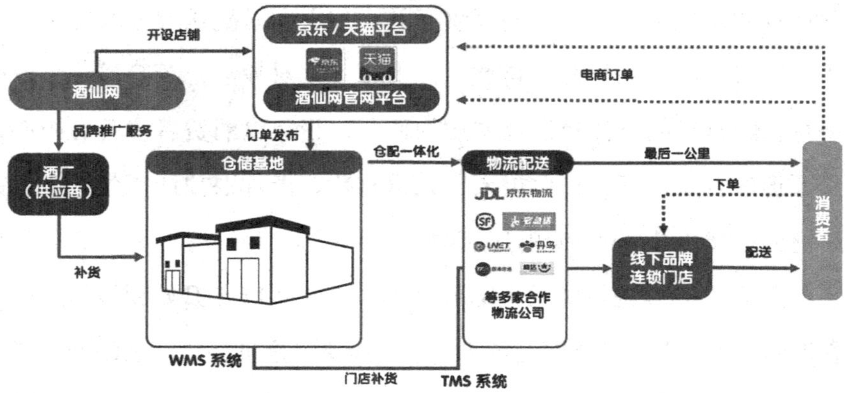

图片来源：酒仙网招股说明书

图 1–5　酒仙网销售及履约体系

在线下渠道方面，根据中国百货商业协会和冯氏集团利丰研究中心的联合调查，在受访的 100 多家百货企业中，已有 70% 的企业开设了线上销售渠道；超市的全渠道业务和部分百货的全渠道业务，已有 53% 使用了到家服务。以王府井百货为例，该企业早在 2016 年年底便将原有的市场部、电商企业和全渠道项目合并为全渠道中心，以连接消费者、提升留存转化率和复购频次作为其主要任务。为了进一步推动线上线下全渠道的融合发展，王府井百货实体门店端在后续搭建了微信商城、小程序、微信社群、直播间、微信公众号、微博等流量入口及服务触点，覆盖在线服务、在线购物、送货到家或到店自提等多种服务场景；同时，王府井百货的网上商城也为消费者提供线上订购送货上门、线上支付到店核销、线上订购到店提货等跨渠道购物体验。实体门店与网上商城相辅相成，共同为消费者提供线上线下一体化的服务。

处在线下零售渠道末端的零售小店，也在演绎线上线下融合发展的故事。新经销《2020—2021 年下沉市场零售小店 B2B2C 合作情况调研报告》显示，零售小店如今通过线上订货平台采购商品的比例越来越高，快消 B2B 零批平台成为零售小店进货的三大主要渠道之一，约有 70% 的被调研零售小店正在使用快消 B2B 零批平台订货，零售小店使用的快消 B2B 零批平台数平均为 2.2 家，主要有阿里零售通、京东新通路、易久批、大润发 e 路发、百世店加等；而且零售小店已逐渐养成自发在快消 B2B 零批平台订货的习惯，平均每月在平台上订货的频次达到 8.9 次。与此同时，有越来越多的零售小店开始提供送货到家、社区团购、O2O 到家等到家服务，比例分别达到 47%、46% 和 19%。因此，展现在我们面前的画像是，零售小店在进货端与快消零批平台合作，拓宽进货渠道并降低进货成本；销售及履约端与本地生活电商平台及同城配送平台合作，实现扩大客群、提升销量及优化购物体验的目标；商品则是“上蹿下跳”，先从线上 B2B 零批平台流向线下零售小店，再经由线上本地生活电商平台及同城配送平台，送至消费者手中。

对于线上线下融合的具体形式，东兴证券研究所认为主要有 3 种：一是基于消费体验重构的融合，即侧重于依托互联网技术及运营，优化消费者的到店购物体验；二是基于消费场景延伸的融合，即依托即时配送服务体系，将实体店的销售与履约职能在时空上进行分离，同时又满足消费者对即时取得商品的需求；三是基于供应链效率提升与渠道下沉的融合，即电商平台或科技企业利用自身的技术、流量、运营等优势，赋能传统线下零售小店及品牌商，助力其开展数字化及全渠道“无界零售”变革。

而在全渠道“无界零售”变革的背后，数字化技术中台、多渠道仓配统合是两个重要的支撑点。

一方面，线上线下各渠道既相互独立又有交叉，各渠道间的有效稳定衔接，远比单渠道运营复杂，业务逻辑、技术接口、数据融合、履约交付等方面需要数字化技术来打通各交叉点，以在链条上形成闭环；电子商务、移动支付等技术的应用，早已改变了消费者行为及预期，新零售更要求“以人为本”，即以消费者体验为中心，这更需要企业借助物联网、大数据等技术来精准了解消费者需求，从而优化选品、仓储、陈列、交易、交付等各环节的工作。在这一过程中，企业先应用库存管理、单品分析、商业智能等与货品管理相关的技术或系统，再应用客户关系管理、大数据、消费行为分析等与消费者管理相关的技术或系统，最后应用客流热点分析、陈列优化分析、虚拟货架等与场地相关的技术或系统，而与前三者并存的是用于人货场管理整合的数字化技术中台。

另一方面，在全渠道运营过程中，如果还是将不同渠道的货品分开管理，容易出现一个渠道因货品快速售罄而缺货，另一个渠道存货较多且无法及时调货的情况；也容易出现重复备货导致库存占用资金比例大且影响货品周转效率的情况；而且有的门店兼具“前置仓”功能，订单体量更小，要求周转速度更快，需要区域仓及时补货。如何合理快速地在仓间调配货物，如何在保持高现货率的同时避免库存积压，如何高效地实现信息流、商品流的整合，……这些问题都需要统一的库存管理来加以解决，通过多渠道仓配统合来有效地同时满足电商订单履约、商超门店补货的不同需求。

如今，线上电商与线下实体店的边界日益模糊，它们的服务内容愈加多元，体验、销售、履约等职能进一步融合。零售商从单一功能体，向兼具线上线下零售、体验、仓储、配送等多种职能的综合体转变，这有利于全面优化消费者体验。

百花齐放的新型消费

以新技术为支撑的新型消费不断提质扩容，消费新场景、新模式不断涌现，可谓百花齐放。而所谓的新型消费是一个相对的概念，相较于传统消费，其“新”主要体现为互联网、电子商务、移动支付、社交通信等网络信息技术对原有业态的升级改造，以及由此产生的新交易场景、新交付形式。例如，移动支付的普及与微信群、微信小程序的应用，使得街边的夫妻店也有能力将自己数字化——变成一家线上门店；如果再辅以美团配送、蜂鸟即配等同城即时配送运力，这些店又能升级为具备双线能力的O2O终端，增大销售覆盖半径。

除了O2O，这些年吸引大众眼球的还有店仓一体模式、社交电商、直播电商、兴趣电商等，下面将逐一简要介绍。

- **店仓一体模式**

从前，店的功能是销售商品，仓的功能是存储商品，泾渭分明。国内外均有仓储式超市，但它们只是分布于郊区的少量存在，而且带有批发性质，对现有零售业的影响并不大。而今天我们谈论的店仓一体模式，离消费者更近，而且它通过线上线下融合及即时配送服务降低了获客难度、缩短了交付距离，并有效地提升了交易效率，进而取得了降低综合成本的效果。

在店仓一体模式中，阿里巴巴新零售标杆盒马是典型代表。如图1-6所示，盒马采用线上线下高度融合的商业模式，线下以盒马鲜生、盒马mini为主要门店类型，线上依托App提供电子化交易服务，搭配蜂鸟即配和丹鸟同城配送的服务能力，可覆盖门店周边1.5~20千米范围内的消费者。在这种模式下，消费者既可以选择到店消费，也可以选择配送到家，从而改善了消费体验，这正是以消费者需求为核心进行的商业模式重塑。

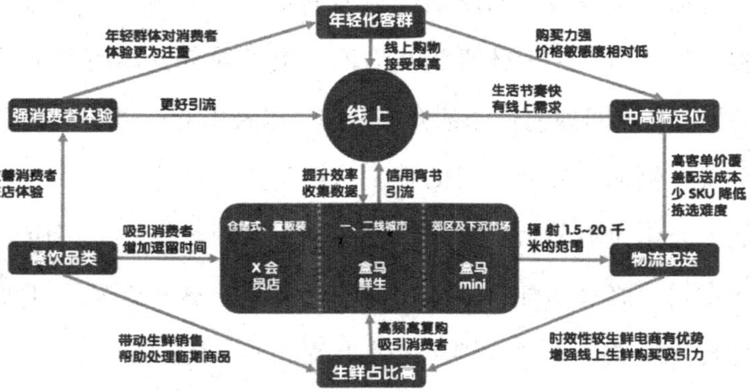

图片来源：招商证券

图 1-6 盒马商业模式图

阿里巴巴财报的数据显示，截至 2020 年 12 月 31 日，盒马的自营门店数量已达 246 家，其中盒马鲜生为主力店，门店面积一般为 5000 平方米左右，主要位于一、二线城市；盒马 mini 为小店业态，门店面积一般为 500~1000 平方米，主要布局在一、二线城市的郊区及下沉市场；X 会员店则是采用付费会员制的大店，位于上海的首家 X 会员店已有赢利。目前，盒马整体年销售额已超过 400 亿元，线上渗透率则超过 60%。另据盒马 CEO 侯毅透露，北京和上海两个区域的盒马门店已经实现全面赢利。

持续快速扩张的盒马，也在快速占领消费者的心智，其背后有什么支撑？这个零售新物种又有何“过人之处”呢？我们可以从以下 3 个方面探讨。

一是坚持直采直供，减少中间环节。为了满足消费者对“鲜”的追求，盒马的多数商品坚持直采直供，其中既有原产地直采，也有本地直采。以上海盒马鲜生为例，其在2017年推出的“日日鲜”蔬菜，便直接采购于上海崇明、奉贤等地的优质蔬菜基地，通过冷链运输，在每天上午7点前被送至门店仓库，经过检测、分拣、包装后，放入盒马鲜生超市冷柜售卖给消费者——整个流转过程最快不超过8小时。与此同时，盒马也在上游原产地布局建设“盒马村”，推行订单农业模式。“盒马村”农户根据盒马的订单需求开展种植活动，而盒马从种植环节就开始介入、指导供应端的生产；同时要求生产端使用相应的数字化、智能化设备，采集录入农产品的全链路信息，从而实现农产品全链条的可视化与可追溯。

二是应用零售科技，全面推动人货场数字化。盒马自主研发了ReXOS系统，集成应用移动互联网、物联网、区块链、大数据、云计算、人工智能等新技术，下设门店ERP系统、生产作业系统、门店配送DMS、门店POS（Point of Sales，销售点）系统、线上App系统、门店后台作业系统等子系统，打造由数据和技术驱动的新零售平台，实现人货场的最优匹配，即通过技术手段，落实其“向商品要流量，向供应链要效率”的经营策略。在零售接待中，悬挂链系统值得我们进一步关注，因为盒马前店后仓、仓店一体模式的实现，离不开悬挂链系统。悬挂链系统运作的主要流程为：门店系统在接收到消费者的线上订单后，会将其拆单，并推送至对应区域拣货员的PDA中，再通过智能算法计算出最优的拣货路径，然后分拣商品并将商品放入挂包，之后将挂包挂到自动触发式挂钩上，由悬挂链以近1米/秒的速度传输至后场主滑道；在后场，智能控制系统将同一订单的挂包合流，由打包员放入同一配送箱，再由自动滚筒将配送箱输送至地面配送站，最后通过出口的智能调度系统在扫码后自动分配给已在等候的配送骑手。整个过程包括集单、分拣、挂包、传输、合流、打包、输送、配送等 8 个环节，一方面能缩短拣货员行走的距离，提高拣货效率和准确率；另一方面能加快商品出仓离店的速度，缩短商品交付时长，从而改善消费体验。

三是构建低成本的冷链物流配送网络。为了进一步缩短商品自生产到到达消费者手中的时间，保证生鲜商品的新鲜度，盒马以 15 个城市为骨干，建设了 66 个多温层多功能仓库，其中包括 44 个常温和低温仓、16 个检测加工中心、6 个鲜活品暂养中心，并与菜鸟网络合作，搭建了产地—仓库—口岸—仓库—仓间调拨—大仓—店仓—门店—消费者的完整物流配送体系，在提升商品流通效率的同时，有效减少了生鲜产品在流通环节的损耗。从整体上看，盒马冷链物流配送网络分为 3 个层级，第一层级为产地端，进行预冷、初加工；第二层级为中转端，主要进行检验、加工、包装、活体暂养；第三层级为店仓，起前置仓的作用，与同城配送或即时配送相衔接，另外还支持无条件退货的上门取货服务。

- **社交电商**

人口红利、流量红利逐渐消退，主流传统电商平台“拉新”越来越难，获客成本已超过 300 元；各类新兴品牌不断涌现，品牌间的“价格战”此起彼伏，“内卷”日益严重，中心化运营模式的发展受阻。与此同时，智能手机、移动互联网迅速发展，给人们带来了更多类型的社交媒介平台，品牌与消费者之间有了更多触点，加之消费者个性的觉醒、自我表达的意愿较以往显著增强，去中心化社交模式、去中心化经营模式随之崛起。另外，消费者对购物体验、便利性和服务都有了更高的要求，对购物过程中的娱乐性、社交性也提出了要求。以上种种因素，共同促进了社交电商的崛起。

社交电商是一种基于人与人之间的信任关系，激发消费者通过关注、讨论、分享、互动等社交元素及相应的互联网社交工具，与亲朋好友共同购物的新型电子商务模式。其特点是更加突出以“人”为中心，通过不同的消费群体连接不同的消费场景，根据消费者的不同属性为其匹配不同的商品或服务，再将商品或服务匹配至社交场景，由人带给人，通过社交营销手段实现“引流”“扩流”与流量变现。

社交电商凭借其轻量化、低成本、高流量的优势，成为新的风口。艾媒咨询的数据显示，我国社交电商 2020 年的交易规模达 20673.6 亿元，同比增长超过 60%。

根据运营模式类型的不同，社交电商可以划分为拼购式社交电商、会员制社交电商、社区团购类电商、内容类社交电商 4 种类型。拼购式社交电商以拼多多、京喜为代表，通过设置拼团人数标准及拼后价格优惠，吸引消费者参与拼团或激励消费者分享拼团链接，以达成小规模的集单交易。会员制社交电商以云集为代表，消费者注册成为平台会员后，通过社交裂变邀请更多消费者注册会员，并通过分销商品获得佣金。社区团购类电商以兴盛优选、十荟团为代表，前端团长负责拉新组团并赚取佣金，平台则负责后端供应并将商品配送至自提点，一般采用预售 + 次日达 + 消费者自提的模式。内容类社交电商以小红书、抖音小店、快手小店为代表，平台通过大数据算法，向用户推送其感兴趣的内容，激发用户的购物欲望。

社交电商通过文字、短视频、商品链接等各类内容，以及微信、B 站、抖音等不同渠道，在与消费者的接触、互动中促成交易。在社交电商中，用户扮演了多重角色，既是粉丝，也是消费者，更是推荐者；平台经营模式从人找货转变为货找人，更加注重以消费者运营为核心。其中，拼多多算是标杆中的标杆。

与其他平台相比，拼多多给行业带来的创新主要体现在3个方面。一是“人”方面，借助互联网普及及快递下沉进村工程，用高性价比的“白牌”商品，满足广大乡、镇、村中未被传统电商平台覆盖的用户需求，尤其是价格敏感人群的需求。二是“货”方面，从高性价比商品及农产品入手，形成聚流，再逐步向高价商品渗透，并大力发展C2M（Customer to Manufacture，用户直连制造）模式，缩减中间环节并降低中间成本。三是“场”方面，前期重点依赖微信社交场景，调用社交流量，用拼团、帮忙砍价等方式重建人与货的链接，并逐步将用户移至拼小圈，构建拼多多的内生裂变渠道。

因其借助社交流量进行拼团裂变的模式，拼多多从一开始便注重消费者运营，更加突出“以消费者运营为核心”，并逐渐形成自己的C2M模式，如图1-7所示。通过社交裂变的应用，以及多多果园、多多爱消除、现金大转盘等娱乐功能的使用，拼多多积累了大量能体现消费者偏好特征的数据，在大数据分析及去中心化人工智能流量分发的支持下，收获或引导消费者购物需求，快速聚集同质长尾需求，形成规模化订单反馈至“拼工厂”，以需定产，从而减少产销错配，降低商品的生产经营成本，为消费者提供有更高性价比的定制化商品。

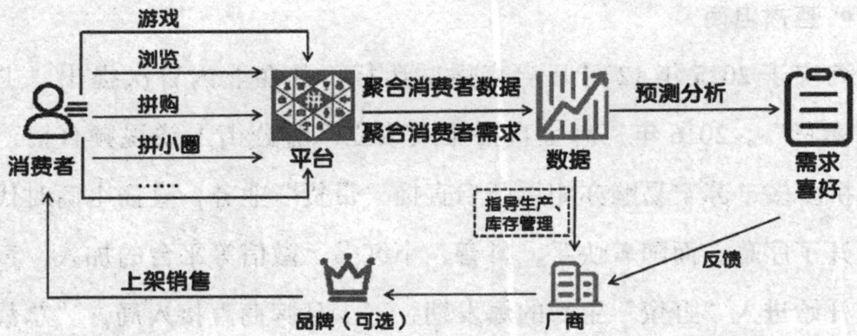

图片来源：第一上海

图 1–7 拼多多 C2M 模式链

为了深入发展 C2M 模式，进一步巩固竞争优势，拼多多在 2018 年 12 月推出“新品牌计划”，通过大数据支持、专家诊断、流量倾斜等措施，扶持 1000 家工厂品牌，并要求加入“新品牌计划”的工厂上传其原材料采购记录、检测报告、生产日志等信息，以打通全链路的信息流和实现可视化展示。在“新品牌计划”实施的一年多时间里，有 1500 多家企业参与定制研发，累计推出 4000 多款定制化商品。但拼多多并没有止步于此，在 2020 年 10 月又发布了“新品牌计划 2.0”，计划在 2021—2025 年，协助 5000 家企业开拓规模达 10000 亿元的定制化产品增量市场，并通过百亿补贴、秒拼事业群测款、定制化品牌推广方案等措施，孵化更多品牌。而且，拼多多将重点对区域产业带集群进行扶持，计划与地方政府联合推出“新品牌联盟”，深入产业链上游，打造更多 FDTC（Factories Direct To Consumers，工厂直接面向消费者）范式工厂，通过规模化、稳定的订单，平抑供应链中的不确定性，反向优化供应链效率与成本。

- **直播电商**

淘宝于 2015 年 12 月开启直播试运行，并在业内首次提出“主播直播卖货”。2016 年，淘宝直播正式成立，蘑菇街上线视频直播，京东、拼多多、苏宁易购亦相继开启直播“带货”业务，直播电商时代正式揭开了序幕。而随着快手、抖音、小红书、微信等平台的加入，直播电商开始进入“野蛮”生长的爆发期，不少品牌商直接入局，“总裁直播”“县长带货”成为潮流。

经历了图文货架、短视频“种草”之后，直播开启了电商新时代。直播可以实时对商品进行展示介绍，能让消费者直接看到体验效果，更能与消费者进行实时沟通、互动，相比以往的图文或短视频显得更为直观、真实且更有代入感，加之直播电商多以低价打开市场，能让消费者获得更有“温度”的购物体验，因此受到了广泛的欢迎。数据显示，2019 年，直播电商市场规模已达到 4338 亿元，2020 年整体交易规模已超过万亿元；截至 2020 年上半年，电商直播用户规模已达 3.09 亿人，用户规模快速增长。直接电商产业图谱如图 1–8 所示。

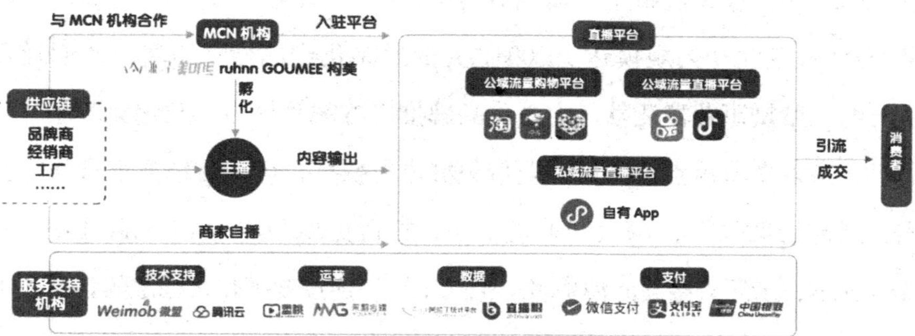

图片来源：微盟研究院

图 1–8　直播电商产业图谱

直播电商的本质仍是电商，其核心仍在于促成交易。在经历了“野蛮”生长的上半场之后，直播电商开始进入精细化运营的下半场。

一方面，直播电商专注于持续优化供应链效率及成本。平台或主播直接对接供应商，供应链直接触达最终消费者，大幅压缩中间环节的流通成本，提高商品性价比；库内直播、档口直播、田头直播等多种形式出现，企业离货更近，商品展销、存储、分拣、打包、发货等流程均在同一个“场”内进行。同时，企业基于平台消费者大数据，得到了更准确的消费者需求，反馈给上游工厂可加快 C2M 柔性生产进程，减少供需错配，一次性完成生产、销售、物流等流程，压缩信息成本与交易费用，给消费者带去更优质的购物体验。而我们所说的离消费者越来越近，不单单指前置仓模式下将商品提前放置于物理距离离消费者近的地方，也指“去中间化”模式下商品自工厂至到达消费者手中所流经的环节越来越少。直播电商，正让企业离货更近、离消费者更近，在重构“人、货、场”的过程中有效提升供应链效率、降低供应链成本。

另一方面，直播电商专注于消费者运营。在直播电商中，主播既是一位意见领袖，也是一位代体验者，通过实时视频与消费者进行双向互动，增强了消费者在购物过程中的体验感、趣味性及信任感，降低了消费者的购物决策成本及试错成本。因此直播电商天然具有消费者运营的属性。只是直播电商的上半场处于平台流量驱动时代，商品生命周期极短，商品成交转化更多依赖于平台的公域流量；而在直播电商下半场，商品成交转化将更依赖于主播或企业拥有的私域流量，要求各直播间更加注重消费者运营，这一时期的成交不再简单地由低价商品驱动，而更多地转向依靠内容与关系。直播间的玩法，除了特价销售、优惠促销，将更注重抽奖、投票等粉丝互动，以及引导加群、社交裂变等做大私域流量池的举措。微盟研究院的调研数据显示，有过半消费者会选择加入商家的会员粉丝社群，以便及时掌握商家的优惠、福利信息；商家对直播电商的定位已从去库存逐渐转变为构建私域流量、提升复购率，会员粉丝及社群已成为59%的商家直播间的主要流量来源之一，而快手上80%的复购来自主播所积累的私域流量，也印证了直播电商经营私域流量的重要性。

直播的实时形式，让消费者“所见即所得”，持续互动及代体验谈感受的方式营造了沉浸式购物场景，将消费者转化为粉丝则提升了消费者购物的信任度，直接对接供应端缩减中间环节则提高了供需匹配度，……直播电商在短短几年的时间里，重构了传统电商中的“人、货、场”，其发展核心也从“商品”转变为“关系”。直播电商经营者们将更加注重洞察消费者结构、购物需求，并为其寻找适配商品；也将更加注重与消费者构建良好的信任关系，并将其转化为私域流量，以期获取更高的复购率和更大的消费者生命周期价值。

- **兴趣电商**

抖音在2021年4月举行的抖音电商首届生态大会上首次提出“兴趣电商”概念，即一种基于人们对美好生活的向往，满足消费者潜在购物兴趣，提升消费者生活品质的电商，主动帮助消费者发现潜在需求是其核心。根据抖音的测算，兴趣电商的市场交易规模有望在2023年超过9.5万亿元，兴趣电商将在电商行业中掀起第二次革命浪潮。

之所以提出“兴趣电商”这一新概念，一方面是因为抖音希望自己的电商业务定位与其他电商平台有所区别，以便占据消费者的心智；另一方面则是因为抖音在调研中发现，很多消费者在购物前并没有明确的计划，而是在看短视频或直播的过程中被内容或商品激发了潜在需求，而这些潜在需求目前还未被很好地挖掘与满足，存在较大的市场空间。

兴趣电商在本质上仍属于内容电商，只是在内容电商的基础上强化了人工智能流量精准分发机制，可以被视为内容电商的“升级版”。兴趣电商的主要逻辑是通过内容激发消费者的潜在需求，并促进消费，其典型消费路径为“兴趣—需求—购买”，重要作用是进一步降低消费者的决策成本，因为呈现在消费者眼前的多是其感兴趣的商品。整个过程基本分为 3 个环节：首先通过去中心化流量分发机制，向消费者推荐短视频或直播内容；然后根据消费者在内容上的停留时长、互动情况，识别消费者兴趣；最后向消费者推荐含有相应商品使用场景或挂有相应商品链接的视频内容，实现“货找人”，以激发消费者对商品的情感共鸣与使用期待，从而创造消费增量，如图 1-9 所示。

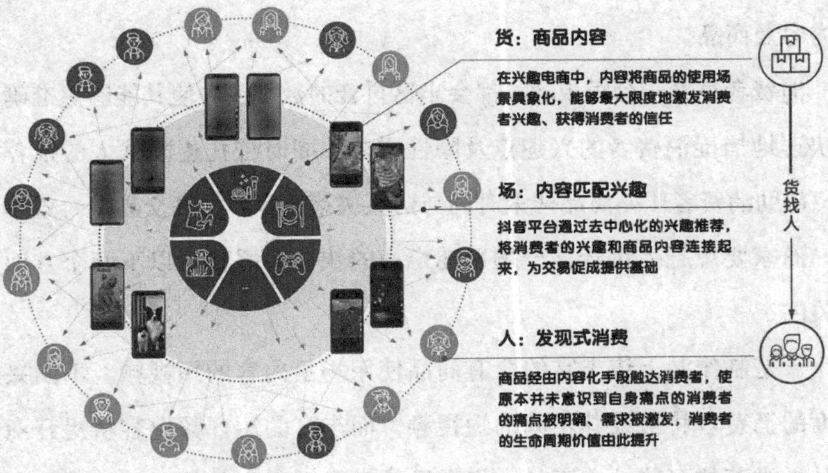

图片来源：抖音电商

图 1-9 抖音兴趣电商“货找人”模式

兴趣电商的核心在于主动发现消费者的潜在需求，把商品推荐给感兴趣的消费者，并触发消费行为。那么抖音是如何发现消费者自己可能都不清楚的潜在需求的？根据公开资料，抖音主要从消费者基础属性、观看兴趣偏好、环境终端画像、互动行为画像和品牌自定义人群画像等维度来识别消费者兴趣。其中，消费者基础属性为性别、年龄、地域等基础信息；观看兴趣偏好指根据完播率、点赞、评论、收藏等信息来判断消费者对某类视频内容的兴趣度；环境终端画像主要是通过 Wi-Fi、通信运营商网络环境、手机品牌型号等信息为消费者画像；互动行为画像主要区分线上和线下互动行为画像。在收集了相关的消费者数据、内容数据、场景数据、动作数据之后，抖音后端系统会形成关联特征、消费者场景特征、趋势特征、协同特征等 4 类关键工程特征，并将其导入推荐引擎中，通过大数据算法读懂消费者需求，并为消费者匹配其感兴趣的内容及商品。

消费者每看一个短视频，都会丰富抖音的数据库，使其能够更准确、更快速地捕捉消费者的兴趣点及隐性需求，同时依托逐渐强大的推荐机制，帮助消费者压缩商品搜索时间与购买决策成本，提高交易撮合效率。

商家要想赶上抖音这一趟兴趣电商的快车，需要对以下两个方面加以关注。

一是制作并上传丰富的含有商品使用场景内容的短视频。不同兴趣维度的消费者将被推荐不同的短视频，而丰富的短视频内容将提升商家商品被推荐的可能性。而且，将商品信息融入真实的使用场景中，不仅能使商品卖点得到更充分的展示，提升视频信息密度与可信度，而且有助于激发消费者的潜在需求，进而促成发现式消费。

二是优化组货策略并保证供应稳定。抖音在走访商家的过程中发现，多样化的内容及更为公平的去中心化流量分发机制，让商家售卖不同商品及商品组合有了更大的可能，即商家既可以卖全渠道畅销品，也可以处理尾货；首发新款、渠道特供款、粉丝福利款等商品也在抖音电商“拉新”获客中发挥着重要作用。商家可以根据自己的账号矩阵、短视频内容属性以及粉丝需求差异，设计不同的短视频场景，提高组货颗粒度，赋予更多商品销售潜力。而多样的组货策略，对商家后端的供应提出了更高的要求——商家供应链比以往更需要具备快速响应能力，以应对出现畅销品时的脉冲式需求高峰，以及在调整商品组合时保证准确性与稳定性。

第二节 “Z 世代”崛起的新需求

我们从生产主导、渠道主导，逐步迈入了消费者主导的时代。如今，无论是线上渠道还是线下渠道，都已经进入“后红利时代”，生产商及渠道商均在向后端供应链要利润。而商业的本质并未改变，无论前端百花齐放的消费类型如何变革、如何演化，利润仍来源于满足消费者需求、创造更优的消费体验。而且供应链的核心是实现对终端消费者的交付，消费者需求促进交易订单形成，交易订单成为供应链交付流程的开关。

而所有这一切的起点在于对消费者需求的洞察。“银发族”“70 后”“80 后”“Z 世代”（1995—2009 年出生的人）等不同年龄段的消费者有着不同的消费需求特点，其中“Z 世代”的需求特点尤为值得企业管理者关注。

因为，我国“银发族”人口虽然已达到 2.64 亿，且数量仍在持续增长，但是其中有较强消费能力的老人较少；人力资源和社会保障部的数据显示，截至 2020 年，我国城镇职工退休人员约 1.28 亿人，月退休金待遇平均约 3350 元。“70 后”虽然是当下社会消费总金额的主要贡献群体，但是其贡献度在逐年下降。“80 后”正值青壮年，但是房贷、车贷、子女养育开销这 3 座“大山”横跨面前，导致其消费能力也较为有限。苏宁金融研究院的数据显示，“80 后”的人均欠款（含房贷、信用卡消费欠款）达到 21.98 万元，是“90 后”的两倍。

反观“Z 世代”，他们正成为众多品牌争抢的目标消费人群。我国

"Z世代"人群已达到3.2亿，他们成长于中国经济腾飞的时代，享受着经济红利，在网购、社交、游戏、视频、音乐等方面的消费意愿及消费实力均较突出，也被称为"最敢于消费的一代"。虽然"Z世代"多为在校学生或踏入社会不久的职场人士，但第一财经商业数据中心的数据显示，"Z世代"的开销约占全国家庭总开支的13%；而天猫淘宝大快消的消费者数据显示，"Z世代"对消费贡献的同期增速明显快于其他消费群体，"Z世代"这一群体正在占据网购的主导地位，如图1-10所示。

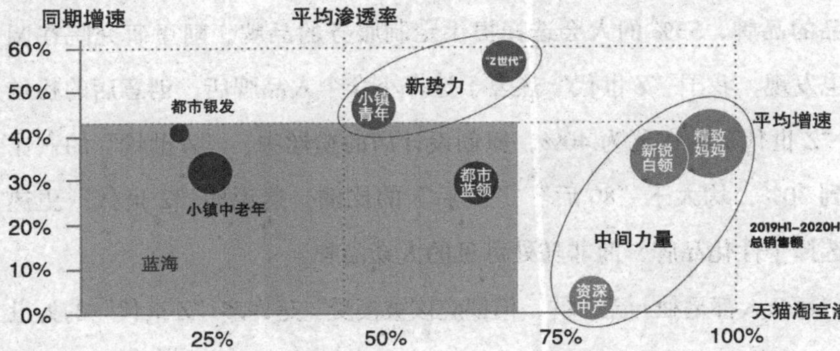

图片来源：新商业学堂

图1–10　天猫淘宝大快消策略人群销售额2020H1对比2019H1同期增速

没有永远的年轻人，但永远有年轻人。"得年轻人者得天下"已是各大消费品牌的共识，因为新消费群体意味着新的市场增长空间。不过"Z世代"不仅是新的一代人，更是一群"新物种"消费者，其消费价值观、习惯与其他人群有着明显的不同：他们形成了独特的消费个性和理念，这其中的个性化、圈层消费、"懒宅"生活、更接受二手交易等特点，对供应链管理提出了不一样的要求。

个性化，从参与产品设计开始

“Z 世代”生活于物质丰富的年代，可选择的产品及品牌众多，加之互联网的信息大爆炸及资讯获取的便捷性，其一般视野更为广阔，也更加独立自主和勇于表达自己。因此，“Z 世代”在消费中的个性化需求更强烈，更注重自我关照，更倾向于悦己消费。

Zebra IQ 的调研数据表明，我国“Z 世代”的个性化消费特征比日本、韩国等其他国家更显著：在“Z 世代”中，51% 的人偏爱提供个性化产品的品牌，53% 的人会选择提供定制服务的品牌。阿里研究院在调查中也发现，我国“Z 世代”热衷于选择小众个人品牌店，创意店的粉丝中，“Z 世代”的占比为 40%，原创设计店的粉丝中，“Z 世代”的占比也达到 30%，均大于“80 后”“90 后”的比例，这说明“Z 世代”更热衷于选择个性化品牌，而非随处可见的大众品牌。

“每个人都是独一无二的，但都应该被接受”是许多“Z 世代”的处世理念。他们求异、求特、追新、喜酷等消费特点非常突出，所以有特色、有个性、相对稀缺的产品更能受到他们的喜爱。因此，商家应着重根据“Z 世代”的兴趣爱好来设计不同的产品，以便“Z 世代”能“选我所爱”。

可口可乐从 2011 年开始便开展了一系列“标签瓶”活动，将消费者的个性化特征融入产品中——在澳大利亚举办了“Share a Coke”活动，收集消费者的名字，经过评比后选出 150 个名字印在上市的可乐瓶瓶身上。年轻人因自己或朋友的名字被印在瓶身上而增强了购买可口可乐的兴趣以及将相关内容转发至社交平台的意愿。在随后的 2013 年和 2014 年，可口可乐又分别推出了“昵称瓶”“歌词瓶”活动，加强了与年轻群体的交互与链接。

海底捞尝试邀请消费者参与新菜品研发工作。在海底捞技术研发部设计出新菜品后，海底捞会在其 App 上发布新品品鉴会邀请。感兴趣的“捞粉”经过报名、筛选后可参加在当地门店举办的品鉴会，试吃并投票选出自己喜欢的菜品，最后再填写一份调研问卷，将个人基础信息、消费习惯、对菜品的建议等反馈给海底捞。海底捞根据各地门店反馈的信息，对新菜品进行排序，选出“人气菜品王”。各地门店也会根据所在区域的消费者的口味偏好，推出地域特色菜品，如武汉海底捞会引入热干面、黄金藕夹，重庆海底捞会售卖香辣排骨、芭芗兔等特色食品。

长安马自达通过数据分析发现，其购车人群中，“Z 世代”的占比已接近 20%。面对汽车市场的存量竞争时代，长安马自达希望能更好地满足年轻消费群体的需求，以争取到更多的新生代消费人群。因此，长安马自达在 2020 年 11 月发布了“悦马星空用户共创计划”，以期通过与消费者共创、共享、共联，听取消费者的意见，加强与消费者的连接，打造长安马自达消费者生态圈，与消费者共创产品。截至 2021 年 5 月，“悦马星空”数字化平台已累积 20 多万名粉丝，品牌商在平台上与粉丝交流互动，听取粉丝对车型、功能、配套、服务等的意见与建议。未来，粉丝大会的举办、汽车周边产品设计、用车服务内容设置等也将与悦马星空用户共创平台进行更好的整合与融合。长安马自达认为，在不久的将来，产品价值不再由主机厂自己定义，而是由企业与用户共同创造。

相比随处可见的“爆款”，个性化特点突出的“Z 世代”更愿意拥有他人没有的“酷款”，这要求品牌商要更加注重产品的推陈出新，因为产品一旦“大流行”起来，很可能就会让“Z 世代”失去兴趣。

因此，新品的迭代速度越来越快。面对中国消费者年轻化、偏好变化快的特点，麦当劳通过甜品和饮料的持续创新来保持新鲜感。新品对销量的带动作用也越来越明显。阿里巴巴的数据显示，2020 年，在天猫首发的新品就已达到惊人的 2 亿款，新品销售额在整体交易规模中的占比超过 35%，其中成交额超过 1000 万元的新品超过 5000 款，成交额超过 1 亿元的新品也有近 1000 款。而且，新品对提高单品价格及帮助店铺“拉新”均有明显的促进作用。数据显示，新品的平均溢价百分率为 10% 左右，天猫小黑盒超级新品的平均溢价百分率更是达到了 30%，新品的店铺“拉新”率是非新品的 1.7 倍。

对消费者需求变化的精准洞察是品牌的护城河。竞争对手可以模仿你的产品，但难以复制你对消费者的理解，因为他只“知其然”而“不知其所以然”。这促使品牌商用尽办法捕捉新生代消费者的需求，设计出更多能满足其需求的产品，以持续获得消费者的认可与喜爱。高度定制化的产品更能彰显“Z 世代”的个性，所以为了更好地契合消费者需求，越来越多的企业开始尝试 C2M 定制模式，就连汽车这样的“庞然大物”也加入了定制化的队列中。

上汽大通从 2015 年开始便尝试推行“规模 C2B 定制化战略”，通过互联网、云计算、数字化技术，实现企业、合作伙伴、消费者的多方直联与互动，让消费者可以在定义、设计、验证、选配、定价、改进等六大阶段全程参与造车，从轮胎到轮毂、从发动机到变速箱、从外观套件到内饰材质、从辅助功能种类到座椅数量等，均可以实现定制化选择。上汽大通之所以能改变传统的造车流程，主要得益于其已构建起包含我行 MAXUS 平台、蜘蛛定制、蜘蛛智联、3D 工程设计在线、大通知乎、i 大通等在内的面向 C 端与 B 端的在线平台，实现了消费者在线、业务在线、组织在线、互动在线，方便消费者从产品概念规划阶段便参与进来，并驱动工程师、设计师不断迭代设计，最终将概念与灵感变为现实。

从“渠道驱动”到“消费者驱动”，企业告别了“开发新品—等消费者购买”的传统模式，开始通过 C2M 定制模式更精准地根据消费者需求制造新产品，将消费者纳入新品研发环节，重新发现消费者的深层次需求，并在充分理解消费者需求的基础上生产新产品。

亚文化出圈，对品牌商的采购生产提出更高要求

在优越的物质条件下成长起来的“Z 世代”对社交有自己的追求，无论是在现实世界里，还是在网络世界中，他们更希望找到与自己“志同道合”的朋友，找到属于自己的“圈子”。因此，关注圈层文化及相应的圈层消费，成为“Z 世代”的一个重要特征。

独而不孤，用兴趣画“圈”，重点不在于圈层人数的多寡，而在于其内部的认同感、语言体系及社群秩序，以及由此形成的各种具有独特价值观的亚文化。在“Z 世代”中，电竞圈、COS 圈、手办圈、JK 圈等亚文化圈层的规模正日渐增长。有数据显示，电竞爱好者中超过 60% 的人是“Z 世代”。

在各亚文化圈层中，“Z 世代”拥有自己的一套语言、文化以及价值观。随着“Z 世代”经济实力的增强，以及圈层的发展壮大，亚文化圈层正在从小众走向大众，其所衍生的经济价值也渐渐凸显。《腾讯 00 后研究报告》提到，“00 后”更愿意为自己的兴趣付费，有 62% 的“00 后”“愿意在自己感兴趣的领域投入更多的时间和金钱”；天猫的数据则显示，“Z 世代”已经为二次元 Cosplay 品类贡献了近 40% 的销售额。

圈层文化聚集了一批兴趣取向相同、消费需求相近的“Z 世代”消费者，他们逐渐成为潮玩、汉服等兴趣型消费的主体，其多元又个性的需

求，催生了众多新消费品类，而且他们更愿意为了产品外观支付溢价，这也给品牌商带来了丰厚的利润。

在这一股圈层潮流中，品牌商如何获得亚文化圈层群体的认同感？答案是新品牌、新品类的定位要迎合 IP、“萌潮”、“颜值”、格调等核心需求。因为阿里妈妈的研究发现，在“Z 世代”的时尚消费偏好中，联名款、同款类、潮流新款等产品更受到目标群体的喜爱。

在“萌潮”设计、IP 运营方面，泡泡玛特是佼佼者。该公司打通了 IP 采购、IP 运营、代工生产、消费者触达这 4 个潮流玩具产业链的关键环节，成功打造盲盒产品，带领潮流玩具“出圈”至大众市场，仅 2020 年便销售了超过 5000 万只潮流玩具，营收超 25 亿元，已成为国内潮流玩具市场的龙头企业。

在 IP 采购方面，泡泡玛特与国内外 350 多位艺术家保持紧密联系与合作，如与日本设计师合作推出罐头猫朋友系列产品，与韩国设计师合作开发深受好评的“潘神”，与德国设计师合作推出的小小冒险家系列产品也让人眼前一亮；同时，泡泡玛特还与中央美术学院、清华美术学院等艺术类高校合作，通过举办系列讲座、潮玩设计评选活动等方式，挖掘有潜力的新人设计师。另外，为了增强在 IP 设计方面的实力，泡泡玛特在内部也成立了包含 100 多名设计师的创意设计团队以及由 20 多人组成的艺术家团体，后者在全球范围内寻找优秀的潮玩设计人才。

在产品运营方面，泡泡玛特推出了盲盒、手办、BJD[①]、衍生品（包括毛绒玩具、吊卡）等主要产品，并已成功将 Molly、Dimoo、Pucky、

①Ball-jointed Doll，泛指各种拥有球形关节的精致可动人形（人偶）。

Labubu 等 IP 推向大众市场；同时，为了避免过度依赖头部 IP 而出现的经营风险，泡泡玛特越来越注重 IP 的多元化运营，截至 2020 年上半年，泡泡玛特共运营 93 个 IP，其中自有 IP 产品 12 个、独家 IP 产品 25 个、非独家 IP 产品 56 个，而且预计 2021 年将推出 131 个盲盒新系列，不断丰富 SKU（Stock Keeping Unit，库存量单位），泡泡玛特天猫旗舰店 2021 年 6 月发布的新 IP 产品便达 15 个。在产品设计上，泡泡玛特特别注重根据不同消费人群的需求推出不同的产品系列。例如，针对泛盲盒类玩家，其会推出与盲盒玩法相近的扭蛋产品；针对潮玩领域的深度玩家，其则提供尺寸更大、制作更精美、定价也更高的手办、BJD 产品。多 IP、多产品系列运营，尽可能地挖掘 IP 潜藏的经济价值，使得泡泡玛特的产品营收构成更健康。

在生产制造层面，泡泡玛特采用生产外包方式，将全部产品的生产职能外包给 32 家第三方制造商，而且与第三方制造商的协议合作期通常为一年。这是因为潮玩 IP 更新迭代快，泡泡玛特如果自己投资建立生产线，在重资产模式下难以快速调整；而不与第三方制造商签订长期合作协议，也是为了快速调整产能以适应市场的快速变化。泡泡玛特的产品生产大致包含 IP 概念设计、三维设计、产品上色、模具制作、外包批量生产等环节，不同 IP 类型产品的生产周期不同，一般为 8 ~14 个月，其中留给模具制作与外包批量生产的时间通常只有 3 个月左右，这要求合作的制造商具有快速响应能力。为了确保产品质量，泡泡玛特会定期派遣员工到制造商的生产场所监控生产过程及制造商使用的原材料的质量，并对其进行月度、年度考评，对供应商的生产质量、返工次数、产品交期等情况进行多方面考核与打分评级。供应商评级标准是 90 分及以上为 S 级，80~89 分为 A+ 级，70~79 分为 B 级，60~69 分为 C 级，60 分以下为D级。在年度评估中评分过低或评级为D级的供应商，泡泡玛特会将其从制造商名单中剔除。

在消费者触达层面，泡泡玛特主要划分了销售渠道与履约交付两个维度。泡泡玛特已构建了线上线下立体化的全渠道：线下渠道以实体店为主，目前在国内已拥有传统门店187家、机器人商店1351家，同时已开始尝试进军海外市场，在韩国首尔江南区国际贸易中心开设海外首店，线下渠道2020年营收约10亿元；线上渠道以抽盒机及天猫旗舰店为主，其2020年营收约为9.5亿元。为了做好线上线下订单的履约交付，泡泡玛特自营两处中央仓及分布在各地的130个城市仓，另将两处区域仓外包给仓储服务商；两个中央仓分别位于北京、南京，总建筑面积约为4310平方米，主要负责线下渠道订单的配送交付工作，外包的两个区域仓分别位于嘉兴、东莞，其中嘉兴仓专注于线上渠道订单的履约交付工作。同时，泡泡玛特与两家快递服务商和7家运输服务商合作，以满足到仓、到店及到家等不同配送需求。

泡泡玛特以潮玩IP设计及运营为核心，构建了从设计、生产、销售到交付的闭环生态，打造了覆盖潮流玩具全产业链的平台。

“懒宅癌”，催生万物到家服务

极光大数据的研究表明，在“Z世代”中，“宅人”占46%，几乎每两个“Z世代”中就有一个“宅人”；QuestMobile的数据则显示，“Z世代”在“懒人群”中的占比超过50%。

不太喜欢出门见人、喜欢做的事不需要出门就能做到，是一些“Z世代”宅在家中的主要原因。前者是因为一些“Z世代”更愿意为了兴趣而社交，因同圈而社交，如认为动漫展比同事、同学聚会更有吸引力，弱社交关系让他们感觉更为舒服。后者则得益于互联网、智能手机、移动支付等的普及，让宅与懒变得更为便利。

“懒宅经济”时代消费之风盛行，我们可从以下数据看出来。

- 我国外卖用户规模已接近5亿人，其中24岁及以下用户的占比超过60%，33.3%的“Z世代”月均叫外卖6~10次。
- 我国即时配送用户规模已达5.06亿人，即时配送订单量达到228.4亿单。
- 国内自热火锅品牌已有350多个，市场规模接近100亿元。
- 我国方便面年消费量为463.5亿份，年度人均消费量超过30包。
- 国内扫地机器人的年销量超560万台。
- 家政O2O服务的用户规模已经超1000万人。

既“懒”又“宅”的属性，使得懒宅式消费备受“Z世代”青睐，他们更愿意选择不用出门的到家类服务。《亚洲“Z世代”调查》的数据显示，40%的中国Z世代“受访者”很少造访线下超市，更倾向于在提供快速配送服务的线上平台采购。宅在家中玩游戏、看视频、“刷弹幕”，然后享受配送到家服务，已成为许多“Z世代”的日常生活；而配送的商品，已从餐食扩展到果蔬生鲜、药品、鲜花、蛋糕、日用百货等多品类。有数据显示，天猫生鲜送货的规模在“95后”用户中的增速最快，上门服务是京东到家2020年销售额增长最快的一级品类。

随着“懒宅经济”的快速发展，我国电商市场已从远距电商、近距电商迭代至微距电商，更多商家选择以门店或前置仓作为货物的存储点，并以此为圆点，完成3千米半径内的订单履约，交付时间大多缩短至1

小时以内，甚至半小时以内。

即时配送到家领域大致可以划分为5个细分市场：一是餐食外卖，订单量占整个市场的70%左右，以美团外卖、饿了么为代表；二是生鲜到家，订单量的占比约为12%，以每日优鲜、叮咚买菜、美团优选等为代表；三是商超到家，订单量的占比约为10%，以盒马、永辉超市、京东到家等为代表；四是医药配送，以阿里健康、叮当快药、快方送药等为代表；五是跑腿服务，以闪送、UU跑腿为代表。近年来，即时配送行业中的非餐订单快速增长，尤其是生鲜到家和商超到家两大业务。罗戈研究的数据表明，生鲜与零售订单正在成为即时配送订单增量的主要来源；2020年，在即时配送新增单量中，非餐配送贡献了订单增量的63%，成为主要的增量来源。

消费者越来越强烈的到家服务需求，催生了“万物到家”的即时配送市场，催生了一批“新物种”，其中以前置仓模式著称的每日优鲜值得我们关注、了解。

成立于2014年10月的每日优鲜，在次年首创了生鲜配送领域的前置仓模式，通过“前置仓+即时配送”模式，为消费者提供兼具“鲜”“快”特点的生鲜销售和履约服务。

在商品供应端，每日优鲜注重商品丰富度与产地直采。有关数据显示，每日优鲜商品SKU超过2万个，其完成了蔬果、乳制品、零食、酒饮、肉禽等全品类布局和商品精选，并成功对接超过2300家供应商，其中生鲜产品直采比例超过93%，非生鲜产品直采比例也高于80%，远超行业55%的平均直采率。并且，每日优鲜拥有一支289人的专业买手团队，可从源头开始对产品品质加以把控。基于大数据，每日优鲜也在探索订单农业模式，向农产品基地推送需求数据，指导其种植排产。未来，每日优鲜将进一步升级本地菜市场，构建社区零售数字化平台，增强平台商品供应能力。每日优鲜招股书的数据显示，每日优鲜已与14个城市的54家菜市场签订运营协议，并已在10个城市的33家菜市场开展运营工作。

在前置仓布局端，每日优鲜已在全国16个城市中建立了631个前置仓，总面积约为20万平方米，搭建了较为完善的“城市分选中心＋前置仓”配送体系，将商品库存放置在离消费者最近的地方，从而加快响应速度。每日优鲜前置仓的平均面积约为300平方米，每个前置仓中存放SKU约4300个，服务于周边3千米以内的社区，订单履约平均时长仅为39分钟。在前置仓选址上，每日优鲜与腾讯智慧零售开展合作，综合应用腾讯数据、每日优鲜数据以及第三方数据进行圈层分析，根据当地的用户画像、消费特征、潜客数、渗透率等数据，指导新开前置仓的选址工作。为了保障前置仓的正常运转，每日优鲜为每个前置仓配置了1名经理、5~10名分拣打包员、10~20名配送员，另外还雇佣了1~3名夜班员工，以在夜间完成补货上架工作。

在运营效率端，由于每日优鲜的履约费用率高达25.7%，其中前置仓仓储和配送费用约占总履约费用的50%，因此对前置仓运营效率进行提高变得尤为重要。每日优鲜坚持不能由人来做补货决策的原则，不断迭代智能选品与补货系统，系统根据前置仓所在区域类别、周边用户画像、消费行为、周边竞争对手等因素，计算出最适合该前置仓销售的商品SKU。补货时，前置仓管理系统则会根据历史销售数据、天气、节假日、商品保质期、前置仓成熟度等因素，预测未来一段时间的销量，并计算出各个前置仓所需补货的SKU及具体补货数量；同时，前置仓管理系统对接智能配送系统，实现自动派单与路线规划，极大地提高了前置仓的整体运营效率。目前，每日优鲜97%的选品采购决策、98%

的库存补货决策和 85% 的库存周转管理决策都由系统自动完成，超过 80% 的订单在 10 分钟内被送出，每名配送员平均每天交付 50.2 份订单，前置仓库存周转天数降至 3.8 天，库存损耗率降为 2.5%，多个指标优于行业平均水平。

闲置交易趋热，呼唤适配的逆向物流履约

对于闲置的物品，传统的处理方法一般是当作废品卖出，或送给愿意接收的亲朋好友，再不济则是当成垃圾扔掉。如今，得益于电子商务技术、交易信任机制的成熟，二手电商平台开始崭露头角，加之不少商品因为人们冲动消费、改变计划、搬家等变成闲置物品，闲置经济快速发展。易观智库认为，随着二手电商活跃用户规模的不断攀升，预计我国二手电商市场交易规模在 2023 年将达到 5558 亿元。目前，二手电商领域的主要平台大致可以分为两类：一类是综合类平台，以闲鱼、转转、享物说等为代表；一类是垂直类平台，以爱回收、孔夫子旧书网、红布林、漫游鲸等为代表。目前，二手电商领域已形成闲鱼、爱回收、转转三大龙头，加上不同垂直领域的多个领先企业的“3+*N*”市场格局。

令人意外的是，“Z 世代”对闲置交易表现出较为明显的偏好。36 氪研究院发布的《二手经济下的用户观察报告》提到，二手电商渠道用户主要为 18~34 岁的年轻人。而闲鱼的数据显示，在闲鱼的 3000 万名在线卖家中，“Z 世代”的占比高达 35%；在选择通过“以旧换新”方式购买新手机的用户中，超半数是 18~30 岁的年轻人；而在 2020 年 3 月，闲鱼上 15~18 岁的用户暴增 207%。另有数据称，二手车交易市场上，“Z 世代”的购车意向高达 61%，比其他消费人群高出近 9%。

以上数据完全可以说明部分“Z 世代”并不避讳旧物。“十动然鱼”

甚至成为闲鱼年度热词之一，其主要意思是在收到礼物时十分感动，然而转头便挂到闲鱼平台出售，不过收送礼物的人的交情仍不减。闲鱼的数据显示，在每个节日后，平台都会迎来隔日转手的小高峰，而且从收礼到将礼物挂上闲鱼的时间间隔在不断缩短。

在闲置二手交易中，除了信任机制，逆向物流也是重要因素。因为与正向物流相比，逆向物流具有分散性、混杂性、多变性等特点，需求预测与库存管理难度大，防护包装不充分，运输线路不稳定，容易导致回收物流成本较高。所以闲置二手交易市场需要与之匹配的逆向物流服务体系。

在 C2C 二手交易中，无论是国内的闲鱼还是日本的 Mercari，卖方都可以通过平台直接对接快递服务，由快递员上门取件或自己将寄件送至快递站点，相对简单。而在 C2B2C 二手交易中，平台负责回收，物品经检测、分类、维修、储存、分拣、寄送，才到达买方手中，这虽然有助于优化消费体验，但对平台运营方而言，成本更高、要求更高；而且逆向物流系统的内部环节相互影响，导致平台难以有效控制整个系统。

那么 C2B2C 二手电商平台又构建了什么样的回收模式来解决这个问题呢？

在爱回收平台，卖家可以通过爱回收的 700 多家门店或线上 App 预约上门取件，将二手电子产品卖给平台，平台工作人员对回收的电子产品进行质检、评级、翻新、再包装，然后进行分类销售，其中大约有 80% 的二手电子产品通过拍机堂出售给分销商，低端电子产品或达不到二次销售标准的电子产品则交由合作伙伴进行拆解再利用，如图 1-11 所示。近几年，爱回收还加强与小米、华为、京东等企业的合作，支持消费者在平台上直接以旧换新；而且在京东投资爱回收之后，其逆向物流业务通常由京东快递承接。

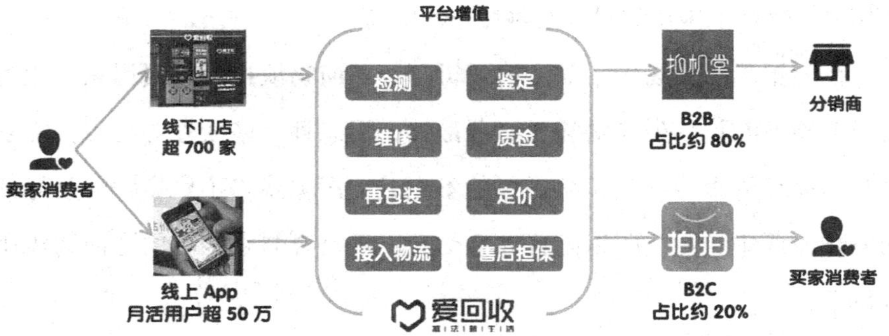

图 1–11　爱回收运作模式示意图

有得卖平台则与日日顺达成战略合作，借助日日顺已有的网点和服务人员，开拓以社区为网点、以家庭为单位的线下 To C 回收业务。日日顺服务人员在帮助消费者做好安装或售后工作之后，回收二手家电或 3C 产品并带回日日顺服务网点，最后通过日日顺仓储物流体系将其运送至有得卖平台处置。

而专注于旧衣纺织品回收再生服务的“收衣先生”，则搭建了多样化的回收渠道：一是与 500 多家线下站点合作，如菜鸟驿站、积木到家、中国邮政便民服务站、连锁洗衣店、快时尚服装店等，构建线下实体回收渠道；二是设立智能回收机，结合“银谷云”平台，实现 24 小时回收投递及在线结算；三是搭建微信小程序，使消费者可以预约工作人员上门回收。通过这 3 项举措，“收衣先生”建立起了多渠道、全覆盖的回收网络，并通过约 500 名回收工作人员和 400 辆回收车，取得了年回收 5

万吨旧衣纺织品的佳绩。

为了解决逆向物流中货源分散、收件成本高的问题，二手电商平台通常采用的办法是建立多元化的回收渠道网络，而且注重与已有的第三方渠道合作，以降低铺网的建设成本。

第三节　消费者需求是商业变革的本源

商业的本质就是抓住不断变化的消费者。商务部原副部长曾说过，在新零售发展过程中，所有变革应以消费者为中心。

新零售的出现，正是为了满足消费者对消费体验升级的需求。消费品行业正在从原来的以企业为中心，转变为以消费者为中心；消费者正在从被动接受者的角色，转变为这场变革的积极参与者。正如黑蚁资本所认为的，新需求产生新品类，新品类催生新品牌，最终构建出新市场。

因此，当下及未来，只有真正做到“以消费者为中心”的企业，才能在市场竞争中脱颖而出并笑到最后。企业需要坚持做好消费者运营，从根本上改变与消费者互动的方式，寻找消费者触点并与之全面建立连接，主动感知需求变化并及时响应。

从根本上改变与消费者互动的方式

移动互联网、智能手机以及其他智能终端设备的普及，正在推倒实体世界与虚拟世界间的“隔墙”，并从根本上改变企业与消费者之间的联系互动方式。购物有电子商务平台，打车有网约车平台，吃饭有外卖平台，交流有社交平台，获取信息有资讯平台，……企业在不同场景中可以在任何地方、任何时间与消费者接触与互动。消费者成为企业经营的核心，以消费者为中心的经营闭环正在形成。数字化技术的加持使企业与消费者可以在沟通、洞察、协作、体验等方面，构建起新的互动方式。

- **与消费者在线联系**

盒马鲜生在运营初期，非常注重搭建与消费者在线联系的通道，通过让消费者在用淘宝或支付宝账号登录后才能购物或支付这一方式，让盒马鲜生的消费者养成线上沟通的习惯。将消费者数字化，便于盒马鲜生通过后台系统汇集消费行为数据，并与数字化采购系统对接，将需求预测或预售数据反馈至果蔬生产基地或本地采购团队，从而缩短供应的响应时间、降低出错率、优化购物体验。

- **让消费者在线获取增强体验**

随着 AR、VR、3D 技术的成熟，越来越多的品牌商或平台开始尝试将其应用到消费体验领域中。美国研究机构 Grand View Research 预测，全球虚拟试衣间市场规模在 2028 年将超过 1000 亿元，年度复合增长率约为 25.2%。京东、淘宝、优衣库等均已加入“虚拟试衣间”应用的行列，并将其作为实体店售卖的延伸及增加品牌附加值的方式，让消费者在服装选搭、游戏娱乐的双重体验中，满足“亲身”体验、实时互动的需求。澳大利亚财富酒业公司，也尝试在其“19 项罪行酒”的酒标上应用 AR 技术，消费者只需要在安装其 App 后，将智能手机悬停在葡萄酒酒标上，就可以激活隐藏在其中的故事，并通过 AR 技术让故事变得更生动。借助 AR 技术，酒标中的人物化身为能与消费者交谈互动的品牌大使，激发消费者更强烈的消费欲望，这使得该款葡萄酒的销量、销售额分别增长了 60%、70%。

- **与消费者在线协作**

在新消费时代，消费者不再是被动等待的角色，各项新技术的应用让他们有便捷的途径与企业直接联系，并影响产品的设计。在消费者协同链上，协同的主体由企业扩展到消费者，协同的目的从对资源的有效利用转变为对消费者需求的有效满足。美国在线零售商 Threadless 建立了一个 T 恤设计社区，一端对接兼职的服装设计师，一端对接消费者，由消费者为 T 恤设计打分，得分最高、预售订单最多的 T 恤才能真正进入批量生产环节，衣服售出后设计师得到相应的利润分成。在 Threadless 的商业模式中，消费者成为主导者，通过互联网空间与企业实现需求拉式协作。

- **通过互联包装与消费者联通**

所谓互联包装，是指融入物联网技术、二维码技术，能够感知、记录产品所处环境的相关信息，并与消费者互联，便于消费者直接跳转至网络世界的产品包装。《2019 包装趋势报告》认为，互联包装将在线世界与互动直接呈现于消费者眼前，可以潜移默化地影响和刺激消费者的购买欲望；同时，在产品交互中添加体验元素，有助于提升品牌形象，增加产品使用量。全球最大的威士忌品牌 Johnnie Walker 曾尝试在酒瓶包装中嵌入带有 NFC（近场通信技术感应器）的标签，当消费者将手机靠近瓶身时，这瓶威士忌的详细信息便会出现在消费者的手机上。品牌商可以将交互体验设计与互联包装技术进行融合，通过产品包装与消费者互动、交流情感，甚至可以为消费者提供内容展示的定制服务，提供独特的个性化体验。

- **通过智能终端自动下单**

物联终端、5G、云计算、边缘计算、人工智能等技术逐渐走向成熟，品牌商可以通过智能家电或其他智能终端，了解消费者的消费行为、商品消耗情况，并为其提供补货购买建议。松下电器与阿里巴巴合作推出物联网冰箱，帮助消费者管理冰箱库存，可在食物用完后提供自动下单补货服务。卡萨帝也于2021年推出F+冰箱鉴赏家系列，通过首创的“食材智能管夹”装置，主动识别牛肉、羊肉、燕窝等8类食材及其数量、储鲜状态，当食材快用完的时候会触发无感支付自动补货，对于快过保鲜期的食品，也会提醒消费者尽快食用。自动补货要求供给方的订单管理系统和仓库管理系统无缝对接智能家电终端，同时也意味着消费者可以减少储备量，在逛商场时可以先查看冰箱库存情况再决定是否购买，这将使供需两端都发生明显的行为改变。

消费者从单纯的被动角色，向消费者和协作生产者转变，消费者资产逐渐成为企业运营的核心资产。企业比以往任何时候都更需要关注消费者需求与消费者体验，需要更新与消费者互动的方式，实时洞悉消费者需求并快速做出响应。

围绕消费者触点，撬动生产关系重塑

在数字化时代，消费者需求呈现出碎片化特征，催生了更多新兴渠道；品牌商与消费者间的触点出现了爆发式增长，亦变得更加多元化。以消费者为中心，意味着“场”随“人”走，品牌商需要不断围绕细分人群的不同特征，打造新品、创造新消费场景，并在其中找到适合自己的触点，构建新的转化链路，用新产品、好体验与消费者实现“三观共情”。

在新消费时代，除了传统电商平台，直播平台、短视频平台、内容“种草平台”、私域流量都成为新消费触点。Morketing 研究院的调查数据显示，抖音、小红书、天猫 / 淘宝、微博、微信成为受访者接触新消费品牌的主要渠道。据腾讯估算，在触点多元化的今天，为了不让消费者“失联”，每个品牌平均需要与消费者建立 5.2 个触点，其中包含抖音、小红书、微信等去中心化触点。

品牌商或平台正在探索建立以消费者为中心的数字化全触点模式。以每日优鲜为例，其商品 SKU 已超过 2 万个，前置仓数量扩张到 630 多个。品类及前置仓数量的快速增长，给每日优鲜的新客拓展带来了巨大的压力。因此，每日优鲜尝试与腾讯智慧零售合作，从社交广告、公众号运营、小程序商城、私域社群运营到线下触点优化，双方开展了线上、线下的多触点试验，并带来了可观的增长。数据显示，在腾讯圈层视图工具的帮助下，每日优鲜单仓单月渗透率提高 70%，新客拓展成本降低 30%，转化率提升 112%，达到理想单量的时长比原来缩短了 1/3。

消费者触点多元、消费者需求变化快，迫使品牌商加快推陈出新，以满足不同渠道、不同场景下的消费者需求。而得益于新触点的数字化，品牌商可以在短时间内汇集分散在各处的消费者行为数据，相应的新品研发与生产速度得以加快。在传统模式下，新品从研发到上架销售，至少需要 24 个月的时间；如今，这个周期被缩短到 6~18 个月。完美日记甚至可以将这一周期缩短到 3 个月，而这要归功于完美日记拥有一支 200 人左右的数据团队，打通并整合不同渠道的数据，大大缩短了从需求洞察到决策的链条。

这种快速出新的节奏也在向上游蔓延，品牌商的代工厂及原材料供应商都被要求调整生产及供应节奏，以实现 6 个月的出新周期。科丝美诗作为知名美妆品牌的代工厂，在传统模式下，从等待包材厂供应包装材料，到生产膏体、灌装、包装、交货，一般需要2~3个月。如今，在品牌商“短平快”出新的节奏下，这一周期被要求压缩到1个月。同时，科丝美诗逐渐发展出由柔性供应链支持的生产方式，推出500个起订的小批量生产交货模式，而这种模式对上游包材厂的要求更高，要求他们在改变以往的规模化批量生产模式的基础上，保持包材出厂价不变。为此，科丝美诗花费了3年时间才说服上游40多家供应商共同变革，优化供应链以适应当下的出新速度。

随着千人千面机制的强化及决策触点媒介的增多，千人千面的推荐机制开始被广泛应用，推荐信息流的流量已超过了传统的搜索流量，品牌商的产品也借助这类更加精准的流量，直接呈现在对其感兴趣的精准圈层人群面前。因此，我们发现部分品牌商已开始尝试与消费者共创产品。匹克直面消费者对其产品在设计、外观、专业性能等方面的差评，并针对消费者提及的“抗扭转性不够强”“鞋底不够耐磨”“鞋口的袜套不够好”等不足，迭代升级产品，不断提升匹克产品的性能，让品牌和消费者实现双赢。

咖啡品牌三顿半，也是“消费者共创”模式中的佼佼者。在成名之前，三顿半经常在下厨房平台上发布新产品小样，并向平台上的“达人”和深度用户寄送样品，根据他们对产品的反馈意见来迭代下一个版本。经过不断打磨、优化，三顿半慢慢建立起了口碑，之后转战天猫、淘宝等电商平台，广受欢迎也就成了顺理成章的事情。在这一过程中，三顿半发现消费者“喝一杯既方便又好喝的咖啡”的需求一直未能被很好地满足。为了“改造”速溶咖啡的口味，三顿半与一家生产工作室一起研发，最终找到低温萃取这一可以更好地保留咖啡豆风味的方式。然而，那时的代工行业不具备满足其生产工艺要求的产能。为此，三顿半向与其共同研发产品的工作室提供无息贷款，用于采购相应的低温萃取设备，以共同完成新产品的生产。在成名之后，三顿半仍坚持走与消费者共创产品的路子，在抖音、小红书、快手、B 站等渠道精选了一批有能力产出优质内容的消费者，赋予他们“领航员”角色，让他们参与优化产品的过程。三顿半通过下厨房、抖音、小红书等新兴平台触点，与消费者建立连接，并根据消费者需求改变产品的迭代路径，与消费者共创品牌。

交付准则，唯“快”是图

消费升级不仅体现在商品的种类及品质上，也体现在订单履约交付领域。消费者在越来越习惯于线上购物的同时，对商品的交付要求也越来越高，快速履约交付已成了其基本要求。以消费者为中心，要求企业及时响应并满足消费者日益提高的服务要求和时效要求。

2010 年，京东推出“211 限时达”服务，即北京、上海、广州、成都 4 个城市上午 11 点前的订单实现当日送达，夜里 11 点前的订单则在次日上午送达。这标志着中国物流配送速度开始踩下提速的油门。如今，全国约 300 个城市的京东消费者可以享受“211 限时达”服务。而顺丰、“四通一达”、菜鸟网络紧随其后。一方面，在货量集中度提升的背景下，快递企业纷纷在货量充足的城市增加运输网络路由，拉直干线线路，减少中转次数，提升公路运输时效。以中通快递为例，其分拣中心由 2017 年的 82 个增加至 2020 年的 94 个，分拣中心间的干线运输路线由 2017 年的 2000 多条增加到 2020 年的 3600 余条，增幅超过 50%。另一方面，行业龙头凭借雄厚的资本力量，加快布局航空枢纽或空运运力，编织快递行业的航空网络。截至 2020 年 1 月，我国各类企业拥有的全货机运力为 185 架，其中顺丰航空占 63 架。顺丰同时加紧建设鄂州货运枢纽机场，该机场最晚将于 2022 年初建成投入使用，计划 2025 年货邮吞吐量达到 245 万吨。鄂州机场的建立将大幅优化顺丰快递的航线网络，扩大其时效件覆盖范围。而京东快递也在与浙江长龙、中原龙浩、南方航空、东方航空等企业加强合作的过程中，不断丰富其全货机、客机腹舱资源，其航空城市路线增加至近 10 万条，可寄航空件的城市扩展至 300 个，并在此基础上不断实现时效的大提升。整个快递网络时效的提升，使得全国 1600 多个区县的更多消费者可以体验到这种当日达、次日达的服务。有数据显示，我国重点地区快递服务全程时限已从五六年前的 4 天缩短至如今的 2.4 天。

时效提升的故事，同样发生在跨境电商物流领域。亿欧智库的数据显示，我国出口跨境电商交易规模在 2021 年将达到 7.73 万亿元，而且在未来 3 年里或将突破 9 万亿元。但是，由于操作复杂度较高、运输距离长、中转环节多，跨境电商物流速度普遍较慢。根据国际邮政公司的调查，跨境电商物流平均时效在 13 天左右，仅有 18% 的消费者能在 3 天内收到跨境包裹。快速发展的跨境电商，对跨境电商物流的时效要求也越来越高。数据显示，有 68% 的消费者在跨境电商购物中会选择送货到家这一交付方式。为了满足消费者对跨境电商物流的期望，菜鸟网络近几年开始加快建设其全球跨境物流智能骨干网，其模式为“轻重”并举，仓储环节以重资产模式推进，建设有面积达 150 万平方米的保税仓及 231 个跨境仓库，前端揽货、干线运输、清关、尾程派送等环节均采取轻资产模式，将业务委托给中通、圆通、递四方、新加坡邮政、英国邮政、EMS 等 89 家合作伙伴，共同构建起 1500 多条海陆空航线，服务覆盖全球 224 个国家 / 地区。得益于这张跨境物流智能骨干网，现在消费者的天猫国际快递只需 1~2 天便可送货到家。而在 2020 年全球智慧物流峰会上，菜鸟网络的 CEO 万霖表示，菜鸟网络在未来 3 年内将把全球包裹网络的履约时效提升一倍。

而随着新零售的进一步发展，最后一公里的即时配送逐渐成为城市消费者习以为常的服务，消费者对配送时效的要求也越来越高。同时，为了与线上电商平台争夺消费者，越来越多的线下商家接入即时配送服务，并要求配送平台进一步为配送服务提速。“前置仓 + 即时配送”“门店 + 即时配送”模式开始普及，在这些模式下，由于配送起点在前置仓或终端门店，覆盖半径通常为 5 千米以内，且无中转环节，因此配送时效往往在一小时甚至是半小时以内，再加上智能调度系统、智能仓、无人配送等技术的“加持”，订单的履约交付进入“分钟级时代”。

为了给消费者创造更好的购物体验，履约交付时效从以天为单位，到以小时为单位，再到如今的以分钟为单位。由此可见，“快”是不变的追求，履约交付的准则是唯“快”是图。

CHAPTER2

第二章

定义以消费者为中心的供应链

“未来的竞争不是企业和企业之间的竞争，而是供应链之间的竞争。”这已不再是一种停留在纸面上的学术理念。在如今竞争日益激烈的商业环境中，构建成功的供应链管理体系对企业的长期发展至关重要。正如《超级版图：全球供应链，超级城市与新商业文明的崛起》中所说的：“供应链是一种更深层次的组织力量，谁统治了供应链，谁就统治了世界。”

随着商品供给、渠道选择的极大丰富，市场话语权已从生产商、渠道商转移到消费者手中，我们迎来了消费者掌权时代。以消费者为中心，以消费者需求为决策的出发点，正成为品牌商建立市场竞争优势的核心。知名咨询公司罗兰贝格更是认为：当今企业亟须前瞻式布局，贯彻直达消费者的战略思维，适应时代的新消费浪潮，以在行业变化中脱颖而出。自然而然地，供应链管理也必须改变思维，以终为始，将满足最终消费者的需求作为供应链变革的第一准则，将“以消费者为中心”的思想贯穿供应链管理的全流程。

未来，在直达消费者模式盛行的时代，谁“统治”了消费者，谁就统治了供应链；谁构建了以消费者为中心的供应链，谁就掌控了市场。

第一节 从供应链管理的目的说起

愈加复杂的供应链

消费者偏好不断变化、产品生命周期缩短、产品研发创新多元化、交付时效要求不断提高等因素，正在让供应链管理变得越来越重要与复杂。这其中有3个方面的问题值得我们在运营管理中加以关注和思考。

一是供应链由链条型转变为网状型。在传统模式下，企业根据内部流程设计了链条型的供应链组织，即上一步骤是下一步骤的先决条件或瓶颈，流程也是从上一环节向下一环节按顺序操作。但是，如今企业已转向以消费者为中心的全渠道布局，物联网、移动互联网、大数据等数字化技术也已被广泛应用，驱动着供应链从链条型转变为网状型，供应链运营由“串联”转变为“并联”，企业内外部多个利益相关方同时互联互动，甚至可以实现大规模的协作。网状型供应链是一个高度互联互通的矩阵结构，能使内外部信息的传递效率更高、内部流程得以精简，企业可以获得更强的灵活性以应对消费者需求的变化。但这对供应链管理也提出了更高的要求——内部业务运营流程需要整合，供应链成员间的差异需要协调，管理人员的数字化技能需要培养，供应链思维方式需要转变，只有做到这些，企业才能最大限度地与各方开展深度合作，从而构建起一张行之有效的现代供应链网络。

二是线上线下供应链需加强融合。在新零售走过的5个春秋中，线上电商平台已清楚自己无法完全取代线下实体渠道，线下实体渠道也不再将线上电商平台视为洪水猛兽。移动互联网、移动支付、智能手机的快速普及，使得双方加速融合，线上线下的边界愈发模糊，并推动着供应链改革。建立全渠道的品牌商，既要满足经销商、门店的配送需求，又要达到C端消费者的履约要求。为了提供更好的服务体验并控制成本，品牌商迫切需要一个统合的仓配体系来完成实体终端和电子商务的订单履约工作。加之如今社交类电商、直播类电商快速发展，不少传统经销渠道转变为小批量的团购经销渠道，并且下沉趋势明显，而品牌商需要同时对接多个平台。在此背景下，如何同步做好跨渠道和跨系统的需求预测分析、交易订单管理、库存管理、运输配送管理、补货管理等一系列工作，如何汇总分析多方消费数据并将其有效传递至研发设计、生产制造环节，对品牌商来说是不小的压力。

三是供应链网络需要在全球化与本地化间取得平衡。世界银行在一份报告中称，全球超过2/3的贸易依赖于全球分工协作，最终产品成型之前，其原材料或零部件已跨国/地区流转。全球化的发展帮助资源实现再配置，使企业可以找到成本更低、质量更稳定、效率更高的供应源。但席卷全球又一直未退的新冠疫情，暴露出许多企业对其境外供应商缺乏了解且掌控力弱的问题。大家开始反思全球化隐含的弊端，并思考增加本地化供应，以增强供应链应对突发中断问题的能力。虽然供应链本地化可以带来降低运输费用、避免关税和附加税、缩短交付周期、增强企业掌控力等好处，但是由于世界500强企业中的大多数在他国设有相应的机构，许多企业也已斥巨资在他国建设了供应链，而且即使他们搬离他国，其产品生产仍离不开他国零部件或原材料的供应。因此，更理智的做法是在保留他国这一供应源的同时，在各主要销售市场所在地区增设分支产能，以减少对他国单一产能供应的依赖。预测在未来一段时间里，供应链的全球化与本地化将互相交织，这也就要求供应链管理者们思考如何在这两者间分配资源，如何平衡供应链成本、弹性与安全之间的矛盾，而这显然不是一项容易的工作。

牵住供应链管理优化的“牛鼻子”

随着订单数量或组合不确定性的不断增加，按时保质的正确交付变得越来越困难。传统供应链正面临如何在应对波动中同步控制成本，如何实现全链条可视化，如何增强应对中断风险的能力，如何构建与 C2M 相匹配的柔性生产能力，如何全面贯彻需求驱动的理念等诸多挑战。因此，企业经营者正在努力寻找更具竞争力、更具创新性的举措来优化其供应链。

在供应链管理优化方面，大家讨论最多的应属“降本增效”，即如何降低采购成本、生产成本、库存成本、交付成本和时间成本，以及如何提升采购效率、运作效率、库存周转效率、资金效率、响应效率。但是从根源上讲，消费者才是我们要最先考虑的因素。

有人将供应链管理的目标概括为快速响应客户需求、提升客户满意度、提高企业管理水平、降低企业运营成本、缩短循环周转周期、增强供应链信息实时可视性、提高供应链精细化协同度、增强供应链灵活适应性等。不过，经营企业的本质追求是获取利润，供应链管理的最终目标应该是帮助企业获得更多利润。从供应链盈余 = 顾客价值 − 供应链成本这一公式来看，获取更多利润（供应链盈余）的具体举措，概括起来主要有两个：一是通过提高消费者满意度创造更多顾客价值，并形成差异化竞争优势，占据更多市场份额；二是通过规模化、协同化、自动化降低单位总成本，以最优的成本满足消费者需求，形成有竞争力的成本优势，从而赚取更多利润。

而这其中，牵动整个供应链链条的"牛鼻子"便是消费者，没有消费者便没有供应链需求。从外部视角看全链条，消费者是为供应链提供正向现金流的唯一一方，其他上下游的交易仅是供应链内部的资金交换，一旦商品不被消费者接受或无法如约交付至消费者手中，这些内部环节的交易均无法实现其增值作用；甚至可以说，没有消费者就没有销售，没有销售便没有收入与利润。"顾客至上""消费者为王""以客户为中心"等口号，正是在向企业经营者、员工、供应商等利益相关方强调消费者在供应链管理优化中的重要性。

长安福特近几年来打造的"以消费者为中心"的全新商业模式就是一个比较好的佐证。

2001 年，长安福特正式成立，之后快速发展，至 2014 年其旗下经销商已超过 500 家。但是从 2015 年开始，福特中国却陷入了发展困境——新车型投放节奏明显放缓，除了福特福睿斯和蒙迪欧，其他车型的销量均大幅下滑，而且这一颓势一直持续到 2019 年。为了扭转局面，福特中国从 2018 年开始进行了大刀阔斧的改革。

福特中国先是晋升为独立运营单元，直接向全球总部汇报；之后开始人才队伍的本地化建设，而本地化团队的首要任务便是打造中国消费者喜欢的车型设计、内饰氛围和驾乘体验；后于 2019 年 4 月对外公布"福特中国 2.0"业务提升计划，积极打造新的福特中国品牌形象，以期与中国消费者建立更为直接的联系；再者逐步建设面向中国市场的产品中心、新能源中心、设计中心和创新中心，同时引入更多本土合作伙伴，以促使产品规划与研发能更紧密地以中国消费者需求为核心；最后是推行“以销定产”的新销售政策，帮助经销商将库存周转水平降至28天，大幅缓解经销商的资金占用压力。

福特中国总裁兼CEO陈安宁认为，任何跨国公司在中国市场的成功都离不开以中国消费者为核心的业务战略。打造“以消费者为中心”的全新商业模式，很快便给福特中国带来了可喜的回报：2020年全年销量同比增长6.1%，旗下福特、林肯、江铃三大品牌均实现两位数的快速增长，这不仅是自2017年以来首次实现同比正增长，更是在全国汽车销量同比下滑1.9%的大环境中实现的逆势增长。

满足最终消费者需求是供应链管理的基本目标

完整闭环的供应链，一头连接着最终消费者，一头连接着原材料供应商，其管理过程一般可以划分为市场与客户管理、产品开发管理、计划与需求管理、采购与供应管理、生产与运营管理、仓储与物流管理等六大核心管理模块。其中，市场与客户管理为整个链条的牵引。企业供应链管理的首要任务在于洞悉并预测市场和消费者的需求，并以此作为供应链战略设计与优化的起点，组织、协调、管理相应的产品研发、原料采购、生产排期、渠道建设、交付达成等环节。

如果消费者对产品的需求相对稳定，供应链体系也应相对稳定，企业在原材料采购、生产工艺、外观包装等环节的革新变化应慎之又慎。反之，如果消费者对产品的需求是求新多变，如服饰、智能手机，要求品牌商每年甚至每季度、每月都要有新款产品推向市场，则品牌商就应搭建一个具有较高灵活度的供应链体系，与供应商的合作通常以一年为协议周期，以便调整供应结构从而适应新需求。

高德纳将供应链管理定义为创建商品和服务以满足消费者需求，并管理着一个以努力满足最终消费者需求为共同目标的合作伙伴社区的过程。这同样体现了以消费者需求为原点的供应链管理思想——满足或超额满足最终消费者需求是供应链管理的基本目标。

经纬中国合伙人肖敏曾表示，新一代消费者对履约效率、履约成本、响应速度等方面的要求越来越高，传统的供应链和履约形态已很难充分满足当下的需求，企业经营者们需要加强供应链全链条协同，重构中间环节甚至是商业模型，以满足日益“苛刻”的消费者的需求。

未能满足消费者需求和期望的企业最终只能将市场份额拱手让给竞争对手，进而走向失败。满足消费者需求是企业经营成功的关键，提高消费者满意度既是提升留存率与忠诚度的先决条件，同时也有助于降低消费者价格敏感度和企业交易成本。任何改善供应链绩效的举措都在试图使供应和需求相匹配，从而同时降低供应链成本和提高消费者满意度。供应链管理优化的目标，应是在满足消费者需求的前提下，对供应链中的物流、信息流、资金流进行系统性的计划、协调、控制和优化，以求在最优的成本下，将消费者所需的产品按时、如数、保质地交付至消费者手中；同时增强供应链的灵活性和响应性，以便迅速应对市场波动和管理中断风险。

因此，我们可以将以消费者为中心的供应链简单概括为：在深度洞察消费者需求的基础上，以合理的成本、最优的速度以及适度的灵活性，实现供需匹配、产销协同，以提升消费者满意度，从而获得更多供应链利润。

第二节 通过预测与需求管理削弱牛鞭效应

供应链管理中的顽疾：牛鞭效应

供应链管理涉及从物料至最终消费者的全链条动态管理过程，包含商流、物流、信息流、资金流等多个维度，涉及供应商、制造商、渠道商、第三方服务供应商、消费者等多个利益主体，流经采购、生产、存储、分拣、运输、配送、逆向物流、信息处理等多个环节，这导致供应链天然地隐藏了诸多不确定因素，自然灾害、突发性社会公共安全事件、供应链攻击等外部扰动因子更是增加了供应链中断的风险。《2021年新兴市场物流指数报告》提到，很大一部分行业高管在2020年疲于应对港口拥堵、运力不足、零部件和原材料供应短缺、分销和交付困难、国际业务维系和库存管理困难等问题。其中最令人头痛的问题是供需预测与规划，其次是订单与现金流管理。供应链管理者不得不直面供需的剧烈波动，以及由此产生的供应链中断风险。

为了更好地应对可能出现的供应链中断风险，常规的做法是努力提高需求预测准确度并增加安全库存。增加安全库存有助于企业应对紧急订单突增、客户交货期临时变化、生产延误等问题，提升供应链的可靠性，有力保障供应链的连续性，但同时也更容易导致牛鞭效应。

消费者需求变化也具有不确定性，为了保障供应链满足需求的能力，最为简单的做法便是增加库存或提高产能。需求变动越大，库存端或产能端的变动也就越大。同时，由于供应链管理是一个涉及多维度、多环节、多利益主体的动态过程，消费者需求在相邻节点间传递时会出现延迟、失真等现象，其变化在供应链中被逐级放大，离最终消费者越远波动越大，再叠加生产制造过程中的不确定因素，最终会使整个供应链产生大量不必要的浪费与损失。这一过程被形象地表述为一个终端消费者手执鞭子根部，轻轻地在空中甩动，站立在鞭子另一端的供应商看到的却是大幅度跳动的鞭子梢部，因此供应链中需求变化被放大的这类现象被形象地称为“牛鞭效应”。

不久前，网络上流传着一个段子：意大利的一家企业看中口罩的巨大市场空间，同时向中国的 3 家企业提出 500 万个口罩的采购需求，希望通过三家比价的方式获得最优的价格；而这 3 家中国企业各自向与其合作的 10 家贸易公司询价寻源，10 家贸易公司又分别将采购需求传递给了与其合作的 10 家口罩生产商；于是，市场上便流传着意大利需要 15 亿个口罩的信息，口罩生产商们纷纷提高产能并提高出厂价。虽然这只是一个段子，但是我们可以从中看到，不对称的数据与信息在多环节中传递，并在传递过程中被不断放大，这个段子非常形象地为我们展现了牛鞭效应带来的负面结果。

牛鞭效应根深蒂固，是影响供应链规划设计的一个重要因素。得不到控制的牛鞭效应会带来库存成本增加、资金周转效率降低、经营利润下降、供应链运作效率降低、企业竞争力变弱等问题。因此，努力削弱供应链中的牛鞭效应，成了众多供应链管理者的重要关注点。

在适当的时间、适当的地点，以适当的成本将适当数量的产品交付至适当的消费者手中，是供应链管理的价值所在。供应链管理者不仅要关注如何满足消费者需求，更要关注如何以高效的方式满足消费者需求。

要做到更好、更快、更低成本地满足消费者需求，企业就需要深入了解消费者需求，提升技术应用的深度与广度，改善内部运作流程，并加强与供应链成员间的协同。以消费者为中心的供应链，比传统供应链更加关注消费者需求，更加注重资源要素与消费者价值的匹配，更要求对需求变化的快速响应；同时要求企业以此为基础，进一步优化需求预测、需求管理、产品规划，在缩短产品上市周期、降低整体成本的同时，优化消费者体验。

大数据背景下的需求预测与管理

在传统的链条型供应链模式下，非相邻环节的企业间很难进行信息共享，这加剧了供应链中的信息不对称，从而提高了供应链中需求预测的难度与不稳定性；而且信息在传递过程中更容易发生扭曲与失真，一般情况下，层级越多、流转节点越多，需求误差的波动也就越大，到生产采购端时，企业已经很难准确地把握终端市场需求的真实变化，从而引发了牛鞭效应，大大提高了整个供应链的库存成本与管理成本。

而如今，随着电子商务、移动互联网、物联网感应终端、智能硬件设备、工业互联网等技术和设备在不同环节的广泛应用，各领域信息数据的获取与传递变得更加便捷。同时，数据的多源、多维也增大了数据分析的难度，要求供应链具备更加强大的数据整合和分析能力，供应链管理正在走向“数治化”时代。部分“链主”企业通过搭建供应链控制塔，对接并整合需求管理、物料采购、智能制造、仓储运输、营销电商等信息系统，形成集成、可视、共享的数据综合处理中心，并将数据分析结果反馈至供应链网络中的相应职能环节，从而实现决策支持、资源调度和绩效优化。在这一控制塔中，生产商、经销商以及零售商形成互相联通、协同合作的共同体，构成供应链网络体系；数据综合处理中心位于中心位置，对接各供应链环节的信息流，以减少信息传递过程中的不对称及失真现象，削弱牛鞭效应，实现供应链成本及效率的优化。

在这一过程中，消费者需求的预测与管理是重中之重，也是供应链各环节进行规划与管理的基础。若是无法更加准确地预测消费者需求的变化情况，即使中间环节减少了，反馈的信息也仍然失真严重，同样会影响生产排期、资金安排和其他经营计划，无法削弱牛鞭效应。因此，如何借助数据综合处理中心有效地在供应链各成员企业间传递信息、共享资源，并在系统算法的支持下，综合且深入地对多维度数据进行预测性分析，提升需求预测的准确度，削弱牛鞭效应，已成为供应链管理者们需要重点关注的工作。

过去，供应链需求预测主要应用时间序列、多元线性回归等模型，这类模型的基础设定是需求沿线性变化。但是，影响需求变化的因素是多样化的，而且随着供应链结构越来越复杂，市场需求变化的非线性特点愈加明显，需求预测愈加复杂。为了更准确地掌握需求的变化情况，供应链管理者们开始尝试应用大数据、人工智能技术来进行需求预测与管理，其中的模糊集方法、遗传算法、神经网络算法和支持向量机算法是常用的机器算法模型。而且，需求预测与管理通过智能系统，进一步与生产供给端联动，大大缩短了供应链条，催生出更多的 C2M 供应链。拼多多通过搭建农货智能处理系统，更深层次地智能匹配供需信息，重塑农产品供应链，便是一个很好的例子。

在传统农业产销链条中，农产品在产地种植、采摘后，需流经产地农贸集市、销地一级批发市场、销地二级批发市场、零售终端门店，才能到达消费者手中，整个流通过程少则需要 4 个环节，多则达到 6 个环节。流通链条长、环节多，加之农产品具有一定的生产周期，农产区对需求变化难以快速做出调整，这导致我国农产品存在一定的供需不平衡问题。

拼多多看到了这个产业痛点，也找到了比较好的解决方案：在创立之初便提出“系统平台 + 新农人 + 农户”的上行理念，在新农人计划、拼农货模式、小游戏虚拟现实结合、强化农产品产业链 4 个方面持续发力，将传统农产品流通链条的 4~6 个环节精简为 2~3 个环节。其中的系统平台，除了前端的拼多多电商交易平台以外，另一个重要平台便是农货智能处理系统。

农货智能处理系统以新农人梳理、整合的农产区数据信息为支持，结合拼多多平台覆盖的农业产区的特色农产品、农产品成熟周期、物流条件、仓配设施、加工型产业设施等数据和信息，在经过系统算法计算后，将各类农产品在成熟期内精准匹配对应的消费者。目前，该系统已经覆盖全国 100% 的县级行政区域。拼多多以农货智能处理系统为中台，前端对接销售端的拼农货、多多果园，聚合消费者分散的农货需求，进行规模化采购，并通过消费者需求分析反向驱动供应链，提升人货匹配效率；后端直接对接农产区及仓储体系，实现产地直供，精简农货采销流程，大幅度降低流通成本，从而开辟出一条由需求驱动种植、优化生产，进而扩大需求的正向循环之路。

社区团购削弱牛鞭效应的路径

谈到生鲜农产品供应链的优化与变革，则不得不提到社区团购模式——它正以自己独特的商业逻辑及模式，大幅削弱牛鞭效应，优化供应链履约模式。

农产品供应链环节多，流通需要产地收购、中间运输、销售市场批发、终端零售等环节，每个环节均有利润诉求，商务部的数据显示，每个环节的平均加价达 20% 以上，由此测算，当农产品流通到消费者手中时，整体加价率在 100% 左右，而且每多一个环节，便会多一层损耗，整个流通过程的总体损耗率超过 10%。行业痛点也意味着发展机会，因此不同企业开始尝试用新模式来经营生鲜农产品。从 2016 年芙蓉兴盛在长沙地区发起社区拼团开始，社区团购快速发展，经历了 2019 年的洗牌期后，在 2020 年又迎来了新一轮的蓬勃发展。光大证券研究所测算，2023 年社区团购的市场规模可达到 8224 亿元。

社区团购模式大致可分为销售端、流通端、供应端 3 个层面。销售端由团长负责流量经营，其自建微信群并在群内分享商品链接，吸引社区内的消费者参与拼团，集小单为大单，成交后团长可获得约 10% 的佣金收入；团长可以是家庭主妇、小店店主，也可以是快递驿站站长。流通端构建“区域中心仓 + 网络仓 + 次日自提”履约模式，根据前一天消费者的订单数据，安排区域中心仓向网络仓配货，再由网络仓将商品配送到各社区的自提点，最后通知消费者自提商品。这一模式通过预售实现“以销定采”，能有效降低链路中的库存水平及损耗，从而削弱供应链中的牛鞭效应。供应端在获取消费者批量需求后，进行批量采购，增强平台议价能力，从而压低采购成本；商品采购方面则采用产地直采、本地化采购相结合的模式，即使采用本地化采购，也是直接对接一批商或二批商，减少了流通环节；而且可以通过大数据分析提前预测购买需求，进行 C2M 反向订货，减少采销错配情况。

社区团购与传统模式的最大不同在于，社区团购颠覆了原有流通链路，通过反向订货与集采集配，减少了流通环节和信息不对称，从而提升了采销对接的准确度，提升了订单履约的精准度，降低了平台对库存囤货的依赖，从而有效地削弱了牛鞭效应。

国泰君安证券研究的一份报告则从农产品流通过程中的信息成本与信息革命角度，为社区团购削弱牛鞭效应提供了另一种途径。报告称，为了适应生鲜农产品流通过程供需信息匹配成本高的特点，我国农产品领域发展出以多级分销为主的流通体系，各个流通环节的加价也是出于信息匹配成本与应对信息错配风险的考虑。若要改造这一农产品流通供应链体系，则需要让流通环节更为集中和“直链”，更接近“以需定产”。

社区团购模式在时效、成本、品类之间达成了平衡，正好解决了我国农产品供应链的核心痛点。一是通过预售制，提前获得消费者需求数据，并使用区域中心仓、网络仓的配送网络，不需要在交易前备货至基层网点，大幅度降低前端的库存成本与风险；二是以 200 千米为运输半径，实现商品配送次日达，满足生鲜配送要求；三是推行消费者自提模式，大幅度降低最后一公里的配送成本，进一步巩固价格优势。综合来看，社区团购是目前众多农产品流通模式中，较为符合大众生鲜需求且能够有效降低信息损耗的生鲜电商解决方案。

第三节　以消费者为中心的供应链的关键要素

需求驱动

传统供应链管理更关注企业价值的实现，其侧重点在于企业内部的采购、生产、销售等环节的投入与产出，容易将企业与消费者分割成相对独立的两个部分，从而容易造成企业价值与消费者价值的错位。而以消费者为中心的供应链更加强调需求驱动，企业的营销、生产、设计及履约体系建设的起点均为消费者需求，这将企业价值与消费者价值有机地统一起来，企业可形成更强的核心竞争力。

部分学者的研究表明，企业利润与消费者满意度成正比，越是关注消费者需求并能及时给予满足的企业，消费者对其满意度越高，对企业的认可度越高，企业获得的利润也就越多。华为创始人任正非曾说，满足客户需求是我们（华为）生存的唯一理由，我们的商业模式是以客户需求为导向。商业模式如此，供应链管理当然也不会例外。

需求驱动，即供应链的形成与优化以满足消费者需求为前提，消费者需求是供应链运作的驱动源。具体而言，供应链运作由订单驱动，商品生产订单在消费者需求订单的驱动下产生，商品生产订单又驱动原材料（零部件）采购订单，原材料（零部件）采购订单则驱动供应商做出响应——整个供应链体系围绕消费者需求而动，既减少了库存及浪费，又加快了履约速度。正如知名咨询集团波士顿给出的定义，需求驱动供应链是能实时感知消费者需求信号，并做出反应的一套技术与流程相协同的系统。

全链条数字化

“80后”和“90后”消费群体已成为我国消费市场的主力军，作为在互联网环境中成长和生活的人，其数字化意识和数字化能力明显强于上一代人，而且其消费需求更多元化、个性化，他们更加追求品质消费、体验消费和新奇消费，因此企业在运营管理过程中，对新一代消费群体需求的捕捉和反应速度便成为成败的关键，而数字化技术的应用可以帮助企业更有效地抓住核心消费群体。

以消费者为中心，要求企业的供应链既要读懂消费者需求，又要及时做出响应。而要实现这一点，供应链全链条的数字化是一个重要的“新基建”项目。全链条数字化是供应链4.0的最大特点。借助数字化技术，核心企业打破了以往供应链各环节的壁垒，将供应商、制造商、分销商以及最终消费者连接起来，使供应链管理中的网络规划、智能采购、自动补货、智慧仓配等环节构成了一个生态化的网络结构。

全链条数字化的供应链，使得信息和数据得以被及时流转及共享，让核心企业更有能力描绘出准确的目标消费群体画像，分析其场景化消费行为特征，研发出更符合消费者喜好的产品，并通过适当的履约体系将产品在合适的时间和成本范围内交付至消费者手中。全链条数字化的供应链，其数据更加丰富、多维。大数据算法的应用可以帮助核心企业对市场变化做出预判，并协同链条合作伙伴及时做出调整，推动供应链管理从过去的“感知—反应”模式逐渐转变为“预测—协同”模式。例如，得益于数字技术的赋能，物流企业可以在总部同时管理多地的分布式云仓，整合供应链各方信息，实现由数据驱动的库存共享，从而做好不同仓库的选址、库内商品预测、智能自动补货以及仓网仓配协同工作。

可视化

供应链涉及多个主体、多项流程，数据多且复杂，仅仅依靠纸质单据、Excel 报表、邮件等初级工具进行管理显然是不可行的，必须依赖建立于数字化基础之上的可视化管理。同时，数字化时代的消费者需求正在迅速变化，消费者对能够随时通过各种不同渠道购买商品的需求越来越强烈，企业能否准确、及时地感知和响应这些需求，已经成为其能否生存和成功的关键因素。企业实现完整的供应链的可视化，更能满足消费者需求，更能改善消费者的购物体验。在需求多元化且快速变化的趋势下，企业需要实时获取、分析和处理跨供应链的信息或数据，以便更好地感知机会、应对风险，管理好可预测和不可预测的业务内容。

尤其是在预测供应链中断风险方面，供应链可视化显得更为重要。通过搭建可视化平台，企业可以将分散的各类数据集、流程及人员信息集成到端到端供应链上，提升过程的可视化程度，更及时、更准确地掌握各种可能导致供应链中断的事项、制订出更的有效的应对措施，从而将风险管理的重点由被动“救火”转变为主动预测应对。

供应链解决方案企业 Blue Yonder（前身为 JDA）早在 2018 年年底便推出了预测并防止供应链中断的 Luminate 数字控制塔——可捕获并分析来自数据前沿的数据馈送，深化企业对消费心态、供货状况、需求洞察的了解，并使企业及时获悉任何需求波动信息。这一端到端的可视化与反馈平台，可以协同外部与内部资源到同一可视化范畴，并且能够实时响应、聚焦于异常事件和排序事件的优先项目。

敏捷性

消费者需求不断升级，市场竞争日趋白热化，产品生命周期越来越短，推陈出新速度越来越快；消费者的个性化需求愈加强烈，其不再满足于批量生产的“大路货”，更渴望拥有个性化产品，甚至希望参与产品的设计、生产过程。这让企业经营者们意识到需要加快供应链在响应多元需求方面的速度。与此同时，恶劣气候、网络攻击等事件时有发生，给供应链带来了难以预测的负面影响，这要求企业加强与供应链利益相关方的协同合作，增强供应链的敏捷性。

如今的商业环境变化莫测，企业需要增强应对风险的能力。此外，简单的供应链已经不能满足越来越多的分场景、分渠道的供应链需求，消费市场的变化正在呼唤能够快速响应新需求的企业。越来越多的供应链管理者意识到，有效整合内外部资源以快速应对外界的不确定因素，是未来供应链必不可少的能力之一。京东物流在此次新冠疫情暴发初期，之所以能够通过消费者大数据分析感知到整个供应链的紧急需求，加大前置仓的补货力度，并在第一时间启用“无接触配送”以满足疫情聚集地民众的生活所需，都得益于京东物流所构建的敏捷性供应链体系。

增强供应链的敏捷性，有利于企业提高市场敏感度，以市场需求驱动生产计划，保持供应链处于动态变化中，以便以最快的速度响应消费者需求。提升供应链的敏捷性，同时也有助于企业增强满足消费者个性化需求的能力，依靠柔性生产技术、柔性管理技术、人机协同技术、物联网信息技术、无人交付技术、机器学习-自主决策技术等，增强多产品、多批次、少批量的个性化生产及交付能力，从而在更大程度上满足消费者的个性化需求。

复原力

当今，供应链越加复杂，全球化背景下的供应链相互关联，当供应链网络中的一部分出问题时，其他部分极易受到干扰。消费者的个性化、定制化需求不断增加，其对更低价格、更快交付的要求也日趋强烈，各行业的供应链均大大承压；贸易摩擦、极端气候等不确定因素也让供应链时刻面临中断的风险。如何在供应链发生不可避免的中断时，及时找到关键的替代途径，让企业从困境中快速恢复，成为未来企业在供应链管理中必须直面的议题。专注于供应链复原力打造和风险防范能使企业比竞争对手更快地处理好不利事件，抢占市场份额并取得优异的业绩。因此，供应链复原力的重要性被供应链管理者们重新提起。美国供应链管理协会（ASCM）的数据显示，供应链管理者将供应链复原力视为2021年工作的重中之重。

有研究表明，数字化信息系统的建设与应用，对最小化供应链风险起着关键性作用。以数字化技术为基础构建起来的网状型供应链体系，其所有节点直接互联并由此提高了协作水平，而多个节点之间的协作既使企业具有更强的洞察消费者需求的能力，在供应链风险应对过程中更具主动性，更加专注于防范风险、应对风险、有效利用竞争对手未能把握的销售机会，也让企业有能力根据可用资源快速调整供应链路径，减少风险并满足消费者需求。

供应链管理者们可以考虑增强“4S”能力，以帮助企业构建起更具有复原力的供应链。一是扫描（Scanning）能力，以求能快速对市场活动进行扫描，找出可能出现的风险源；二是智能自主（Smart）能力，在供应链管理中应用人工智能，让系统从小规模中断风险中自主学习知识和数据，增强智能应对更大规模的风险的能力；三是可扩展（Scalable）能力，通过租赁模式降低固定运营成本，创建可按需调整的可变成本结构，增强供应链上下游扩展的能力；四是可转移（Shiftable）能力，投资于更具通用性的多用途资源，增加供应源选项，使企业可根据新需求将供应链资源转移至新地方、新产线。

大规模定制化

消费者需求日益呈现出个性化和多元化趋势，越来越多的消费者希望能将个性化表达与商品相结合，这样的消费趋势使得品牌商开始深挖不同场景下的个性化需求，开辟出更多样的细分市场。此时，传统的大批量规模化制造难以适应新的消费特点，而纯粹的定制化又因成本高而拖累了企业的产品竞争力。因此，大规模定制化生产应运而生。越来越多的企业开始追求具有柔性生产、快速响应特征的大规模定制化生产，用系统化思想和整体优化的观点，充分利用企业已有的各种资源，在全面考虑成本、质量、柔性和时间等竞争因素的前提下有效地解决了需求多样化与大规模生产之间的冲突，既保持了规模化生产的低成本、高效率，又拥有了定制化生产的灵活性，使企业业务与消费者需求保持一致。

戴尔的消费者可以自主定制自己的电脑，戴尔可以在接到订单后的 36 个小时内完成组装并装车发货；李维斯推出 Future Finish 线上服务，美国消费者可以通过选择款式、颜色、印花图案、磨损效果、皮标类型等，形成超过 3400 种排列组合，定制一条属于自己的牛仔裤。B2C 快时尚跨境电商公司 SHEIN 则以新品试错的方式发展大规模定制化生产模式，通过线下买手及线上爬虫抓取时尚流行趋势并设计新产品。对于每一款产品，SHEIN 先将 100 件投放至市场进行测试，若消费者反应良好则开始大批量返单生产，若不理想则返回设计环节修改版式。SHEIN 通过新品测试与消费者对话，根据订单量情况进行迭代，找出适销产品后再批量生产。

基于大规模定制化生产的供应链以消费者为中心，品牌商直接与消费者接触，充分、准确地了解消费者需求，并通过信息共享、短链传递将需求快速反馈至生产端，快速调整产能以适应市场、潮流、技术等方面的变化；同时借助产品模块化设计、柔性生产制造，有效地降低定制产品的开发和生产成本，从而增强产品竞争力。相关业务流程如图 2-1 所示。

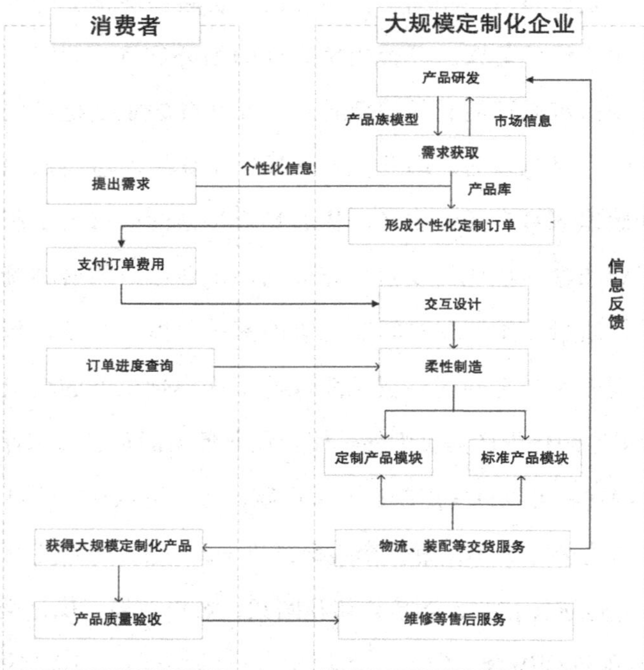

图片来源：《规模化定制产品通用规范》

图 2-1　大规模定制化产品业务流程

细分供应链

个性多元的消费者需求，需要企业提供不同等级的产品或服务；复杂的分销模式，需要企业提供更多可供选择的交付选项。越来越多的企业已意识到对供应链进行分割的必要性，因为“一刀切”的大一统供应链越来越力不从心。企业有必要根据产品、渠道等因素细分供应链，以平衡需求、产品、成本、效率、体验之间的关系，获取更多利润。有研究报告指出，采用供应链细分策略的企业，其生产效率、库存管理水平及消费者满意度均有提高。

我们可以按照产品类别来创建供应链。功能型产品生命周期较长，需求较为稳定，需要一个成本效率型的供应链，以便长期、稳定地向消费者提供所需的产品；创新型产品生命周期较短，需求中含有较多不可预测的内容，需要一个敏捷响应型的供应链，以便对不可预测的需求及时做出反应。我们也可以按产品的价值密度来创建供应链。产品的价值密度即产品货值与其自身重量或体积的比率，高价值密度的产品，运输费用占其货值的比例小，对物流成本较为不敏感，可以集中于大型工厂生产再分发至各地；低价值密度的产品则刚好相反，更适合在分布式工厂生产，需要在各销售区域分别设厂供应。

不同类型的产品适配不同的消费群体，也有不同的价格、交货时间、服务要求等价值主张，所以企业在设计供应链时应根据不同的价值主张使用不同的策略。当然，推行供应链细分策略会增大供应链管理的复杂度与难度，更需要企业保持供应链的灵活性，更需要企业加强与供应商和消费者的沟通，并增强消费者需求预测能力，以便根据新变化对供应链进行调整、优化，从而增强整体赢利能力。

全渠道交付

经过多年的探索与实战，当今的经营者们不再纠结于线上线下渠道的界限，而更注重围绕消费者需求提供全渠道购物体验。大部分消费者希望在线上、线下拥有无缝衔接式的消费体验，同时期待获得根据购物方式和时间定制的个性化购物体验。全渠道交付的要求增强了供应链的复杂性，履约成本的增加也正在侵蚀企业的利润，在实践全渠道交付的企业中，有 67% 反馈其成本正在上升，这意味着供应链需要变得比以前更有协作性。

但是，据毕马威的调查，目前只有 39% 的企业专注于在线商店和实体门店之间的整合。在当今不断变化的全渠道环境中，人们对供应链管理的要求越来越高，企业需要构建一个线上线下无缝融合的供应链体系，以有效地应对处理退货、直接配送到家、配送到店以供自提等成本较高的事项。以京东为例，该公司将全渠道战略视为第二增长曲线，其全渠道战略包含 O2O 服务、全渠道供货、全渠道履约、全渠道营销 4 种形态，以期进一步满足消费者随时随地购物的需求。其中，O2O 服务能为消费者提供更多元的履约模式，帮助商家门店降低库存成本、提升资金效率；而全渠道履约则强调整合不同渠道的履约体系，实现“一盘货”管理，加强协同效应，降低履约成本。

而新供应链体系的建立，需要生产商、渠道商、物流商及其他合作伙伴协作，高效地管理消费者需求的动态特性，通过拓宽数字化技术的应用范围，增强库存及在途的可见性，合理发展统仓统配，既降低缺货率，也避免库存积压。

CHAPTER 3

第三章

数字化转型是构建新型供应链的基础前提

消费者需求多元化且快速变化，供应链中断风险高悬头顶，这些都对企业供应链管理提出了新挑战与高要求，供应链管理者们需要更强大的武器。在探索的过程中，人们发现数字化转型可以帮助企业将内外部信息更好、更快地互联起来，并赋予信息更高的利用价值。由此可见，数据驱动是业务变革的核心。

数据已成为最有价值的资源之一，尤其是消费者需求数据，它正成为企业所有运营工作的起点与指挥棒。要想更准确地了解消费者需求数据并及时做出响应，实现供应链全链条数字化是关键要素之一——数据是供应链数字化转型的中心。德勤咨询的调研数据显示，80% 的受访企业认为数字化供应链将是未来供应链领域的主导模式。以云计算、大数据、物联网及人工智能等新技术的规模化应用为主要特征的数字化转型，能帮助企业构建网状型供应链体系，实时获取、共享数据，并以技术和数据推动业务变革，甚至是商业模式变革。

第一节 数字化是转型的基础设施

技术变革历来是时代变革、商业模式变革的主要动力。蒸汽机的发明与应用催生了人类历史上的第一次工业革命，使机器在棉纺织、采矿、冶金等领域广泛地取代人力，极大地提高了劳动生产率。电力及内燃机的出现与广泛应用开启了第二次工业革命，更有效的能源转换、更便捷的信息传输方式、更快的运载工具、更多新型材料的问世促进了新商业模式变革。原子能、计算机、空间技术及生物工程等领域的技术变革则带来了第三次工业革命，尤其是计算机等信息技术的迭代与应用，将人类带入了信息化时代，催生了一大批新型产业。以人工智能、智能机器人、云计算、量子信息技术、清洁能源、生物技术为突破口的工业革命，则被人们称为第四次工业革命。数据驱动是第四次工业革命的重要特征，数字化、自动化变革正渗透至采购、研发、生产、物流、营销等各个领域，一个全新的数字化、智能化时代正在向我们走来。

从 PC 及互联网技术诞生开始，我们的数字化旅程走过了 3 个阶段。第一阶段始于 20 世纪 80 年代，PC 及互联网技术让人们在虚拟空间中互相连接，大大优化了人与人之间的通信及互动体验；Windows 系统及办公软件的应用，也大幅提高了个人的工作效率。第二阶段开始于 21 世纪初期，以苹果智能手机问世为主要标志，人们进入移动互联网时代；智能手机、手机应用的快速发展，让更多消费者连接到这一巨大网络中，并成为数字化世界的中心。第三阶段大致以 2016 年为分界线，物联网、大数据、云计算、5G等技术逐渐开启商用之旅，将我们带入“万物互联”时代；信息密度及数据处理能力有了质的变化；产业互联网快速发展，并从“互联”开始走向“智联”，揭开了产业数字化转型的序幕。中国信息通信研究院的数据显示，我国数字经济在2008年至2019年期间，年均复合增长率为20%，数字经济规模总量已跃居世界第二，2020年达到39.2万亿元。

《中国“智能+”社会发展指数报告（2020）》称，我国目前仍处于“智能+”社会的起步阶段，数字化、网络化、智能化的新应用、新模式、新体验，正加速与生产、生活各领域相结合。对企业经营者们来说，数字化转型是企业通过应用数字化技术及工具，从基础要素、流程程序、业务模式等方面实现根本转变的过程，其中的数字化技术及工具是企业实现转型升级的“新基建”。因为，面对互联网时代的技术环境及消费者需求变化，企业需要用新技术及工具构建新经营管理体系。

数字化技术的应用，对内可以帮助企业提升管理运行效率，对外可以帮助企业搭建直达消费者、实时链接消费者的市场触角，并优化消费者体验。据麦肯锡统计，数字化工业的产能提升幅度最高可达90%，交付周期可缩短的最大比例为80%。以都市丽人为例，该公司自2020年开启“二次创业”，坚持以消费者运营为核心，在消费、供应两端开展数字化改造与升级，力争实现全要素、全场景、全生命周期的数据赋能，并推行柔性生产的供应链管理模式。前端推进线上线下全渠道发展，丰富并打通渠道链路；线上在天猫、京东、唯品会等传统电商平台和抖音电商、快手直播等新兴电商平台同时发力；线下通过小程序、微信社群等赋能实体门店，用数字化技术及工具延长实体终端的营业时间，增大服务半径。中台则研发适合自身业务特点的数据中台、业务集成解决方案，用数字化重构人货场，感知、分析线上线下渠道汇总的消费者需求，并反馈至后端用于指导研发和生产，打通全链条，实现端到端的数据透明化和经营决策智能化。后端则接入犀牛智造技术开启柔性快反生产模式，根据前端反馈的产品订单量及消费者需求特点，结合产能及原材料供给情况，制订生产计划，利用数字化技术实现以销定产、按需生产；通过引进及应用数字化模具成型机、3D 立体切割机、车间信息化保障管理系统、智能自动肩带机等先进设备，打造快反生产线，大大缩短从投入裁片到成品产出的生产时间；同时满足多产品快速转换生产的需要——一条生产线可以同时处理不同的订单，生产起订量从 1000 件降低至 100 件，交货周期从 15 天缩短至 7 天，实现了小批量、快交付式的生产。

都市丽人正是通过前、中、后端全链条的数字化升级，开启了新的供应链模式。不过，网易智企联合罗兰贝格在调研近 300 家企业的数字化转型进程后发现，目前约有半数企业的数字化转型仍处于探索尝试阶段，多数企业的数字化转型实践停留在管理体系、运作流程和营销模式领域，产品 / 服务创新领域的应用不足。普华永道根据企业数字化成熟度的不同，将企业数字化转型进程分为在线化、集成化、数字化、智能化 4 个阶段。根据评估，目前中国大部分传统企业还处于在线化和集成化阶段，只有少数企业进入了数字化阶段。同时，罗兰贝格的数据显示，超半数企业具有数字化转型意愿，但其进行数字化转型的主要制约因素在于缺乏过硬的技术（30%）、缺乏充足的资源（29%）等。

目前，中国许多企业正在加快数字化转型的进程。毕马威 2020 年的调研数据表明，大多数中国企业的首席信息官预计在未来 12 个月内会继续保持对数字化技术领域的投资，许多企业已开始积极投资于供应链数字化变革技术，主要包括机器人与人工智能、物流智能规划系统、无人运输工具、电子标签、区块链技术等。

德勤咨询的一份报告为我们展示了 11 项在未来 10 年将帮助企业构筑竞

争优势的先进技术，这些技术也是企业实现数字化转型、构筑新供应链模式的重要支撑，如图 3–1 所示。其中，云计算与存储、传感器和自动识别、库存和网络优化、机器人与自动化技术是目前应用最多的创新技术。同时，数据显示，云计算与存储的应用率预计在未来 3~5 年内将达到 90%，库存和网络优化的应用率在未来 3~5 年内将达到 89%，传感器和自动识别的应用率同期将达到 82%，机器人与自动化技术的应用率则将达到 73%。预测和规范性分析目前的应用率只有 28%，但是其在未来 3~5 年内将快速增长到 82%，增长幅度远超其他技术，原因主要有两个：一是数据的积累及大数据算法的发展，将使预测性分析的准确度大大提升，数据的价值被进一步挖掘出来；二是预测性分析是构建以消费者为中心的供应链的重要支撑，企业将从被动感知消费者需求转变为预测消费者需求，预测性分析与仓库 / 门店选址、商品选品、生产排期等环节的关联度将越来越高。

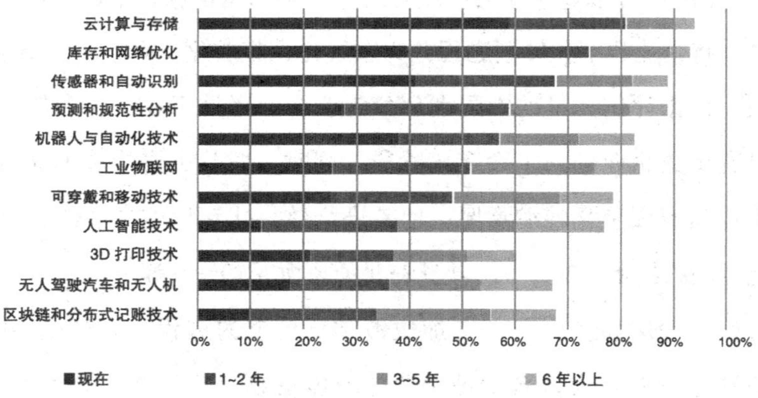

图片来源：德勤咨询

图 3–1　未来 10 年先进技术的应用情况

先进技术的规模化应用，正在促进企业商业模式、业务模式、供应链模式的优化与重塑。从目前的数字化转型实践来看，数字化转型的主要特征有以消费者为中心、数据驱动、强化协作、持续创新。

数字化转型特征一：以消费者为中心

在传统模式下，企业更加关注以产品为中心创造商业价值，注重的是产品质量、生产效率、运营成本等，而且不同产品、不同环节往往被割裂。在数字化模式下，企业将更加关注消费者体验，更加强调以消费者为中心；数字化技术帮助企业直接并实时地触达消费者，消费者需求的信息流亦能更快地在不同职能模块间流转，而不用通过销售部门层层上传。因此，企业的技术、流程、员工、文化等层面均需要也正在发生变化。企业从消费者的角度来推进相应的优化，并将改善消费者体验纳入企业的运营目标中，加速“以产品为中心”转向“以消费者为中心”。

数字化转型特征二：数据驱动

智能手机几乎人手一部，物联传感器设备的成本快速下降，边缘计算、云计算等技术日渐成熟，……以上种种均大大加快了人、货、场的数字化进程，人与人、人与物、物与物之间突破物理限制而形成广泛的连接，数据流庞大而丰富。数字化时代也打破了很多行业的知识、数据、信息、方法之间的原有壁垒；大数据的采集、积累、分析与共享，彰显出数据作为新生产要素的商业价值，不断提升资源优化配置效率，为企业开展生产经营变革提供新的驱动力。在此基础上，知识中台的概念浮出水面。知识中台依托人工智能技术，自动从数据中提取知识，主动结合业务场景需求推荐知识，以实现资源的优化配置和经营决策的科学、高效，进而增强企业的业务创新能力。

数字化转型特征三：强化协作

从内部协同的角度来看，在数字化转型过程中，企业将其供应资源、生产工艺、管理知识、渠道状态等数字化后存于企业知识中台之中，形成共享的企业资源库，便于各部门、各员工访问与使用，促进了内部的连接与沟通；数字化转型打破了企业各职能模块之间的链条式形态，形成网状式形态，使信息、数据以并行的姿态流转于各职能模块之间。从外部协同的角度来看，数字化转型要求企业与外部消费者、上下游合作伙伴形成更加紧密的合作关系，做好消费者全生命周期管理，做好产业链、供应链上下游的资源配置与信息联通，创建生态圈。从人机协同的角度来看，数字化转型过程中存在智能机器替代人工的现象，但是智能机器并不会完全取代人工：智能机器侧重于完成重复性高、危险性高、标准化程度高的工作，可减少低层次用工数量；而创意性高、标准化程度低的工作则交由人来完成，二者互为补充，以发挥协同优势、提升工作效率与产出。在数字化转型过程中，“人”仍是核心，机器服务于人。

数字化转型特征四：持续创新

更好地应对环境的不确定性，是企业推行数字化转型的动因之一，这需要企业有拥抱变革的精神与勇气。而且数字化技术应用只是第一道关卡，更难的关卡在于企业文化、员工意识、工作习惯等的改变。因此，数字化转型不是一个短期行为，也难以一蹴而就。企业需要学会并拥抱“小步试错、快速迭代”的经营方式，并根据企业在不同发展阶段的特点与需求，采用不同的数字化技术与变革方案，不断推进数字化转型。被誉为“数字化转型的典型样本”的美的集团，其数字化转型始于 2012 年，迄今已有近 10 年光景，已逐步打通研发、采购、生产、物流、销售、售后等价值链全环节。

第二节 渐行渐近的数字化供应链时代

消费者需求日趋个性化、多元化，新产品迭代更新快，产品生命周期缩短，要求供应链更具敏捷性；线上线下融合发展，要求供应链具有多渠道、多平台履约能力；直播电商带来订单的脉冲式增长，加上社区团购及前置仓、云仓等分布式仓储，要求供应链具有更强的销售预测能力；消费者随时随地快速获得商品的需求，要求供应链具有更快的履约速度；供应链中断的不确定性有增加的迹象，要求供应链更具复原力；……供应链的数字化成为企业应对新挑战的重要举措，数字化供应链的构建逐渐从选答题变为必答题。

埃森哲 2017 年的调研数据显示，85% 的企业正在或计划逐步引入数字化技术改造其供应链；之后，供应链管理者们对供应链数字化的兴趣与需求日益增加。美国物料行业搬运协会（MHI）和德勤咨询于 2019 年共同发布的报告指出，80% 的企业认为数字化供应链在未来 5 年将占据统治地位。埃森哲在另一份报告中总结了供应链发展的 5 个阶段，并阐明当下正处于由“集成供应链”向“数字化供应链”升级的阶段。越来越多的企业经营者意识到，供应链数字化是企业实现盈利可持续增长的关键驱动因素之一，数字化供应链时代已渐行渐近。

数字化供应链，即通过物联网、5G、云计算、大数据及人工智能等新技术，改造或创建供应链，汇集物料流、成品流、信息流、资金流、服务流、逆向流等全链条数据，实现端到端的可视化与数字驱动，达到提前决策、提高效率、节省成本、控制风险的目的。《2020年中国现代供应链发展报告》认为，新技术的广泛应用不断打破供应链行业的壁垒，在颠覆式创新成为常态的背景下，人工智能、大数据、智联网等新技术将与供应链进行深度融合，供应链形态由智慧供应链演变为“云链”，从而实现真正意义上的平台化、生态化、数字化和场景化。相较于传统供应链，数字化供应链主要具有表3-1所述特征。

表3-1　数字化供应链的主要特征

特征	简述
透明程度更高	各种场景传感器、采集设备的广泛应用，帮助企业获得大量采购、生产、销售、库存、配送进度等数据，更清楚地掌握信息流、产品流、资金流、物流等实体或虚拟轨迹信息
网状生态结构	数字化供应链改变供应链中原有的链条式串联结构，使各利益相关方、各环节、各元素形成多维、非线性的交互关系，构成复杂又动态的网状生态结构；合作伙伴间更易于共享信息与知识，敏捷性、协作性更强
消费者驱动	打造以消费者为中心的平台，推崇消费体验至上理念，简化交易环节，提升交付效率，优化购物体验；同时通过数据挖掘与趋势分析，提供大规模定制化服务，并调整经营方式以响应和满足需求
主动感知变化	通过认知技术、自动化设备以及人工智能技术的应用，主动感知外部需求与内部状态的变化，建立跨部门的集成供应链机制与平台，构建自我学习、自我调节和自主生成决策的模式

数字化技术与供应链的深度融合，能大幅度提升供应链管理的品质，帮助企业提升效率、降低成本。有数据显示，有效的数字化供应链可以提升企业10%的营业收入，降低20%~30%的采购成本。数字化供应链提升各环节的协作效率，有利于企业更及时地对市场变化做出响应；数字化供应链增强企业对市场需求的洞察能力，使数据在全链条中流转与

交互，有助于企业制造出更符合消费者需求的产品，从而获得更大的竞争优势。正是因为数字化供应链建设对企业经营有着巨大的促进作用，近年来越来越多的企业增加了在这一方面的投入。供应链数字化逐渐成为企业战略转型、经营能力提升的重要抓手。

已投身于供应链数字化建设浪潮中的企业

数字化转型是困难的。麦肯锡的调研数据显示，过去只有12%的企业实现了艰难转型。虽然不少企业对供应链数字化转型仍是一知半解，但是我们看到不少企业已投身于供应链数字化建设的浪潮中。

三只松鼠持续开展数字化供应链平台建设，打造松鼠云造系统，缩短企业与消费者间的距离——从消费者需求洞察到产品出新，最快只需要35天；与京东超市在全渠道供应链、全渠道消费者运营及货品定制等方面开展战略合作，及时了解消费者对产品的真实评价，指导工厂、研发部门进行产品改善，再将产品投入市场进行验证，形成数字化闭环。

叮咚买菜借助数字化建设，在选址、选品、采购、配送、销售等方面应用大数据算法，降低采购成本、提高采销效率。

永辉超市持续推行“科技永辉、数字赋能”的数字化建设战略，将数字化技术应用于消费场景、供应链以及服务等环节，重点增强消费者、产品及仓配3个方面的运营核心能力。

太平鸟不断开展供应链变革，实现线上、线下数据共享，除生产、零售外，数字化未来将进一步赋能营销、设计等环节。

雀巢联手菜鸟共建数字化供应链，接入“智能供应链大脑”，实时掌握库存、有货率、物流轨迹、消费者需求等全链路数据，并通过大数据分析预测销量，指导区域化备货和生产，加快库存周转速度。

欧派国际加速数字化供应链建设，将数字化技术应用于上游货源整合、平台技术创新、交易环节去中间化、渠道网络快速搭建及分发等方面，打造一个良性的供应链采销闭环。

安踏拉开了全链条数字化变革的大幕，以数字化和直面消费者两大战略为核心，制订数字化转型战略规划，全面规划与消费者互动、连接的触点，盘活消费者数据资产，打造柔性供应链，推行线上线下“一盘货”管理，保持合理的库存水平，从而提升管理效率并降低运营成本。

红星美凯龙推出 ORS 云生态供应链平台，旨在整合产业链上下游资源，双向打通生产端和应用端，创新供应链管理及服务模式，打造一站式整装供应链 F2S2B 平台。

家家悦在开展“智悦行动”的基础上，联合 IBM、Blue Yonder 两家企业，构建供应链体系智能、精准、高效的数字化“大脑”，打造前中后台一体化解决方案，协同销售预测、空间管理、自动补货等事项，推动供应链数字化转型升级。

…………

联合利华打造 4S 供应链实例

在联合利华，数字化供应链创新的故事亦在继续。下面我们借助联合利华打造 4S 供应链（Swift & Agile——迅速敏捷，Smart——智能化，Sustainable——可持续，Resilient & Eco-Systematic——弹性与生态系统）的故事，更直观地了解企业如何完成供应链数字化转型。

联合利华供应链是“高德纳全球供应链 25 强”榜单的常客，其供应链中有400多个品牌、约5.6万家供应商、250家工厂、约2500万家零售门店，在中国设有9个销售大区，对应的超商和经销商超过300个。面对竞争日益激烈、新渠道不断出现、消费者需求变化快的快消市场，联合利华近年来一直积极推进供应链的数字化转型升级，以求利用供应链创造更多的价值。在这一数字化供应链构建过程中，以下4点值得我们学习。

全链路可视化。联合利华全面布局可视化数字追踪系统，对研发、生产、质量管理、市场营销、运输配送等各环节进行可视化管理；并在经销商端、消费者端建立数字化生态系统，通过一物一码的方式，实现产品信息共享与追溯，打造真正的端到端数字化供应链。联合利华亦通过加强与外部伙伴的合作来提升全链路的可见程度：2018年与菜鸟启动智慧供应链升级战略，打通大数据链路，在销售预测、生产计划、补货计划、智能分仓等层面实行精细化管理，“精细到每一款产品的颗粒度”；2020年与美国地理空间分析平台Orbital Insight合作，利用卫星图像、地理定位数据、区块链和人工智能等技术，获取供应链中的“第一千米”的相关数据。

市场需求预测。快消市场的消费结构较为复杂，消费者需求变化较快且不确定程度较高，准确的市场需求预测对联合利华的重要性不言而喻。因此，联合利华建立了大数据管理平台，实时采集、存储、整理、展示数据，并应用人工智能技术建立算法模型，结合业务应用场景对数据进行深入分析，对不同产品在未来4个月的销量进行预测、判断，同时支持数字化经营与智能化决策，打造“数据获取—数据分析—模型搭建—数据预测—智能决策—新数据融入”的完整数据闭环。其数据主要来源于4个渠道：一是大数据管理平台与渠道商管理系统或库存系统对接，直接获得数据反馈；二是联合利华巡店人员通过智能设备将终端数据输入大数据管理平台，反馈一线的销售情况；三是与 Kantar、尼尔森和益普索等市场调研公司合作，获得第一手调研数据；四是通过电话、电子邮件、社交媒体和网络聊天等方式与消费者直接沟通互动，真切地感知消费者的脉搏。多元的数据来源，既增强了联合利华的市场洞察力，也有助于其为消费者创造更优质的消费体验。

柔性敏捷。联合利华认为，供应链网络随时可能遭受各类不利事件的影响，甚至出现供应链中断的情况。而联合利华首席供应链官马克·恩格尔认为，在面对不可抗力导致的供应链中断问题时，供应链的敏捷性比预测更重要，因此供应链需要更具柔性。以敏捷化生产线为例，整条生产线的产品切换和调整在 5 分钟内即可自动完成，不仅生产进度加快，而且更能满足小批量、多品种的生产需求。极端天气会影响原材料供应，进而影响联合利华的运营成本和产品价格。为应对此风险，联合利华制订应急计划，以便在短时间内获得关键替代材料，在制造厂之间转移或共享生产资料，并在产品配方中使用替代材料。为了提升企业整体的灵敏度，联合利华于 2019 年恢复了首席运营官这一岗位，并简化组织架构，打造更具灵活性的组织，以便更快地做出更明智的经营决策。

赋能伙伴。有数据显示，联合利华的创新超过 70% 来自其合作伙伴，其供应链的成功离不开众多外部合作伙伴的协同。联合利华非常重视与合作伙伴共享价值观和商业使命，也非常重视用数字化技术赋能合作伙伴，因为如果合作伙伴不具备数字化能力，数字化供应链就会“成色不足”。为此，联合利华在巴西为当地的小型零售商推出了 Compra Agora 应用程序，帮助他们拓展业务；在印度尼西亚与电子商务和交付平台 Gojek 合作，以具有竞争力的价格推出了 GoToko 数字市场平台；在印度则推出了 Shikar 应用程序，以便贸易商在线上进货，而无须等待分销商到店里推销商品。此外，联合利华为经销商们提供互联网销售工具，让每个经销商都具备业务拓展能力，协助经销商提升销售额。在供应端，联合利华正在使用数字化工具识别新的潜在创新合作伙伴，在线虚拟审核供应商，并实时监控物流和供应风险。

第三节　将新技术融入以消费者为中心的供应链中

过去，供应链管理是一项让人头疼的工作：由于缺乏足够的触角，很多环节的数据残缺不全；由于互联性不强，不同主体就像数座数据孤岛；又由于可见性不高且算法粗糙，链条上积累的数据的价值未能被深入挖掘。

德勤咨询指出，第四次工业革命的新技术模糊了物理世界和数字世界之间的界限，从而推动了对新数据源和现有数据源的实时访问，并与可视化、场景分析和预测学习算法等强大的分析工具相结合，这正在从根本上改变企业的运作方式。企业现在可以实时从物理实体资产和设施中收集大量数据，执行高级分析以形成新的见解，并促成更有效的决策。第四次工业革命时代的市场变化及新需求，正推动供应链管理不断演化，工业 4.0 技术及其应用正在改变传统供应链——更快捷、更灵活、更实时、更智能的数字化供应链正向我们走来，数字化供应链的新术语不断涌现。

物联网、人工智能、机器人、大数据、3D 打印和区块链等众多新技术在供应链中的应用，正在改变供应链的各个环节。人、货、场将以可控的数字形式存在，并共同搭建一条崭新的数字化供应链。有研究表明，投资和应用新技术将通过增强信息获取能力、降低成本、提高产品质量、增强响应能力和协作能力，为企业创造持续的竞争优势。本节将从 6 个维度总结新技术在（未来）数字化供应链中的主要应用。

应用物联网设备及技术，增强供应链可见性

建立以消费者为中心的供应链，关键在于与消费者建立并保持“亲密”接触。要保持“亲密”接触，增强供应链的可见性是关键因素，而可见性需要供应链全链条的数字化赋能。

增强供应链可见性被各行业视为最重大的挑战之一，它对打破数据孤岛局面、提前识别风险、增强供应链敏捷性与弹性均有重要影响，也被认为是将供应链转换为全球集成网络的先决条件。当企业试图用数据为决策和运作提供支撑时，他们首先必须能够捕获、收集和集成多个来源的数据。此时，物联网设备及技术便派上了用场——各类传感设备和系统的应用可以实现实时的数据传输与沟通。如今，企业在供应链的每一个环节都越来越多地使用传感器，由此产生的数据范围和规模也在不断扩大。

物联网技术主要基于传感设备，实时获取消费者及产品数据。传感设备是一种检测装置，能感受到被测量的信息，并将信息按一定规律转化为电子信息上传至系统。根据其基本感知功能，传感设备一般分为热敏元件、光敏元件、气敏元件、力敏元件、磁敏元件、湿敏元件、声敏元件、放射线敏感元件、色敏元件和味敏元件十大类。对数字化供应链而言，传感设备就如同视觉、听觉、嗅觉、味觉和触觉，通过这“五感”，系统平台得以感知供应链世界的信息，如货物移动的轨迹、仓库内的温度和湿度、车厢的震动偏移情况、司机的疲劳程度、危险气体的泄漏风险等。

应用预测性分析，更好地洞察消费者需求

随着互联网技术的革新、大数据的应用、计算能力的增强以及相关模型理论的成熟、完善，人工智能的应用场景逐渐丰富，并在近几年逐步实现落地实操。预测性分析是其中已落地实操的重要应用场景。

预测性分析基于机器学习和数据挖掘等大数据分析技术，使用模型算法分析现有数据，精准地分析消费者偏好与行为，推断未来事件或预测未来数据，从而可以更准确地预测市场需求。预测性分析为企业提供了基于数据的可操作见解，推动企业在数字化过程中注重数据收集、分析、学习、计划、实施和重新分析，并基于数据洞察为消费者创造更好的体验。预测性分析提供了关于未来结果的可能性估计，可以帮助企业识别未来的风险或机遇。此外，预测性分析不仅可以计算出数据结果，还可以在决策支持（人工）或决策自动化过程中提供有价值的“最佳选择”。企业可以从有逻辑、有关联的数据中了解到运用哪种方案可以获得最佳结果，然后预测即将发生的事件并采取有针对性的行动。

大数据存储与分析是数字化供应链管理平台一定会用到的技术，也是预测性分析的重要基础。大数据是海量数据，包含原材料采购数据、设备维护数据、产能效率数据、库存数据、运输数据、渠道数据等多来源、多维度的数据，既有结构性数据，也有非结构性数据。需求波动幅度大是当今供应链管理面对的重大挑战；消费者的每条社交动态、每次点赞评论、每次线上购买，都反映了其消费行为、态度和习惯。数字化供应链需要从其他平台自动获取数据，并对多维度、高颗粒度的数据进行处理和分析，用以指导运营中的产品开发、服务改进或消费体验决策。

数据洞察力被视为下一代供应链的“货币”，所以企业需要不断寻

求更好的方法，快速采集和理解消费者需求、产品口碑、竞品动态、新品趋势和消费热点，同时增强生产和供应能力，以更适当和灵活的方式来满足快速变化的市场需求。

应用人工智能算法，增强自主决策能力

随着大数据的积累、人工智能的快速应用、深度学习与强化学习等算法的优化，人工智能与大数据的结合越来越紧密。通过对数据进行更为准确、更为深入的理解与分析，系统能形成自我认知和自主决策的能力。

人工智能是认知、决策、反馈的过程，人工智能技术在供应链管理中主要应用于图像识别、语音识别、自动分拣以及用户画像等方面，结合机器学习、人工智能和机器人流程自动化来自主决策，是未来供应链技术的重要应用方向之一。解决方案供应商美国斑马技术公司曾表示，包括智能自动化、人工智能和工作流程软件等在内的先进技术将帮助企业实现数字化转型，并支撑企业的未来发展。

智能决策旨在依据无人系统感知得到的动态环境信息，通过人工智能等技术解决需求计划与生产计划优化、产销协同、补货策略制订、库存安排、物流网络规划等复杂的决策问题。无人驾驶技术在定位、环境感知、路径规划、行为决策与控制方面，也综合应用了多种人工智能技术与算法。众多领先型企业已开始尝试在供应链管理与优化中应用人工智能决策优化技术。例如，京东 Y 事业部通过多年来的实践，依托人工智能、物联网、大数据算法等技术，持续探索与应用智能供应链决策技术，面对数百万个 SKU 的自营产品、超过 900 个自营仓库、数十万名商家所带来的管理挑战，通过智能运营、仓网优化、全渠道履约和 C2M 反

向定制等举措，在 2021 年第一季度将库存周转天数降至 31.2 天。京东在销量预测、智能补货、智能调拨、智能清滞等方面均采用了智能化、自动化技术，每年仅智能补货系统自动提交的采购需求便超过 1 亿条。分布于全国的 32 个京东“亚洲一号”智慧仓库正加速提高库存自动化管理水平，通过模型优化库存结构、降低滞销占比、节省库存成本。

应用“无人物流”技术，提升供应链运作效率

电商快速发展，消费者需求亦在升级，人们对便捷消费和快速履约越来越强烈的需求，驱动供应链运作效率的提升；人力资源成本不断上涨，产品利润空间不断压缩，也迫使企业努力向效率要利润，寻求“机器换人”的可行路径。在物流领域，“无人物流”近年来发展迅速，无人仓储、无人机、无人车等技术不断革新。越来越多的企业投身于“无人物流”技术的研发或应用，“无人”技术在物流领域的商业化应用逐渐进入大众视线。

2020 年 8 月，顺丰联合航天时代电子研发的 FH-98 大型无人机首次载货飞行成功，该机最大起飞重量为 5.25 吨，最大业载为 1.5 吨，最大航程达到 1200 千米，可以高效完成从物流枢纽至周边城市广大区域的运输任务，大幅度提升支线物流效率。它的成功载货飞行是国内大型无人机首次应用于物流场景的尝试，将打通国内干线与支线的航空物流新通道。同时，大业载空间既可以大幅度降低无人机运输的单位运行成本，也可以有效地解决偏远地区物流运输耗时长、运输效能低下等问题。与此同时，顺丰无人机已获批 9 条航线用于科研试飞和业务测试，在江西、四川、湖北武汉、浙江舟山、粤港澳大湾区等地区已实现物流运输的常规化运营，运营场景包括乡村配送、特色经济、海岛运输、城际运输等。

在大型无人机落地之后，无人重卡运输也“接踵而至”。2021 年 7 月，京东物流与小马智行联合在广州启动国内首条 L4 级别自动驾驶卡车干线物流示范运营线路。而在此之前，图森未来在 2020 年 7 月与 UPS（美国联合包裹）、Penske（潘世奇）、U.S.Xpress（美国速运）以及 McLane（麦克莱恩）等美国企业合作，在美国启动全球首个无人驾驶货运网络，为无人驾驶卡车在 2024 年的商业化落地奠定了基础。一汽解放则与智加科技、挚途科技等合作伙伴于 2020 年 9 月共同打造了全球首款 L3 级别自动驾驶重卡 J7，并于 2021 年 7 月开始陆续投入市场。主线科技也已和博世集团、中国重汽、威伯科、蔚来汽车、吉利商用车达成合作，推进无人驾驶卡车量产；并与福佑卡车成立运营合资公司，计划打造一支拥有上百辆无人驾驶卡车的智能车队，同时通过与普洛斯、中储智运、德邦快递等企业的合作，扩展无人驾驶卡车的应用场景，推动无人驾驶卡车的应用领域从封闭港区走向开放道路。正如主线科技 CEO 的观点，自动驾驶卡车不仅可以弥补高达 1000 万的货车司机缺口，而且可以在降低卡车事故率的同时提高物流运输效率。无人驾驶卡车技术日臻成熟，其规模商业化应用指日可待，届时将以全新的效率为物流供应链赋能。

应用 3D 打印技术，极大地缩短供需距离

在传统的供应链模式下，产品需要经过采购原材料、车间批量生产、分销渠道销售、仓储配送等几大环节，才能最终流转至消费者手中；即使缩减中间环节，应用“无人物流”技术，也仅是在这一链条上优化效率及成本，并未从根本上改变流通轨迹。而 3D 打印则很有可能在未来创造一种新的生产关系，从本质上改变物流供应链模式。在 2013 年出版的《3D 打印：从想象到现实》一书中，胡迪·利普森教授曾预言，3D 打印

领域会出现一家类似于苹果的公司，其借助应用程序或端到端平台，打开家用和消费者市场。而高德纳的数据显示，2019 年已有 38% 的供应链经理在应用 3D 打印技术，同时有 47% 的供应链经理计划在未来两年内使用 3D 打印技术。

我在《数智物流》一书中也曾有专章描述，3D 打印不需要使用传统生产模式中的专用性设备，不同于集中式的大规模制造，更符合定制式的订单需求。在机身、耗材成本大幅下降，3D 数据包极大丰富，分布式 3D 打印点广泛设立之后，它将对企业生产、居民生活消费方式产生巨大的影响，这主要体现在以下 4 个方面。

一是前置仓将同时具备生产组装与仓配物流两种功能，前置仓中存放与管理的将主要是 3D 打印材料，以及一些共用的核心零部件；成品则主要依靠现场即时打印与组装。二是长途干线运输量降低，而同城配送的需求增多，可为企业节省运输成本。三是供需链条极短，形成小时级供应链。3D 打印可以帮助企业节省生产前置时间，缩短长途运输时间，即从消费者下订单，到打印生产，再到配送到家，可能只需要耗费 1~2 个小时的时间——链条极短，响应极快。四是实现成品的零库存。3D 打印可实现按需生产，品牌商只需拥有产品的 3D 数据包及相应的耗材，在按订单就近生产后即时将成品配送到消费者家中即可；除了一些核心零部件需要备货外，成品基本上可以做到零库存。

未来，3D 打印的广泛应用将极大地缩短供需距离，催生供应链新物种。这一新物种的交易起点不是产品或原材料，而是数据包，其生产与物流功能在空间上合为一体，在时间上无缝衔接。简而言之，新物种将是一家以海量产品 3D 数据包、强大同城物流能力为支点，为消费者提供 3D 打印服务的平台型供应链企业。

应用区块链技术，形成网络内自信任机制

供应链是一个涉及多个利益相关方的复杂有机整体。企业在构建以消费者为中心的供应链时，需要在多元主体间进行实时、无缝的数据协同与共享。但是，由于数据往往含有涉及商业机密的内容，加之考虑到客户资源的保护问题，企业并不太愿意共享其业务数据或客户数据，数据孤岛问题严重，信息交互成本高。数据孤岛问题，加上数据合规性、客观性问题，导致供应链全链条的透明度不高、可追溯性不强，而这两者又导致消费者对供应链数据难以形成完全的信任。

区块链技术凭借其分布式数据库技术、去中心化构架以及安全和隐私保护机制，能够很好地解决供应链的透明度、可信度不高及可追溯性不强等问题。在区块链技术框架内，供应链各主体可将其敏感数据信息加密并进行数字签名，防止数据被其他未获授权的企业访问；在分布式数据库模式下，去中心化的节点存储的数据相同，数据很难被篡改，而通过使用密码学中的“非对称加密”技术，能解决节点之间的相互信任问题，大大提升数据的可信度；同时每个环节的操作与变更均被时间戳记录在案，可大大增强数据的可追溯性。因此，区块链技术的应用，有助于增强各主体共享数据的意愿，提升供应链的透明度和增强其可追溯性，进而提升消费者对企业、品牌、产品的信任度，推动多点相互信任，而且这种信任是供应链网络内的自信任，无须再聘请第三方机构进行公证。

区块链技术增强了全链条数据信息的可见性，并使企业获得了消费者的信任。如果将区块链技术与物联网、人工智能等技术综合应用，企业就可以提供更好的消费体验。专门监控和分析葡萄酒运输状况的

eProvenance，在2020年推出基于区块链的葡萄酒追踪供应链VinAssure，综合使用区块链、人工智能和云技术为所有参与者优化结果，并支持透明化、问责制和快速交换数据。eProvenance通过半有源和无源RFID（Radio Frequency Identification，射频识别）标签实现对瓶装葡萄酒的跟踪、鉴别和监管；通过温度监测标签了解葡萄酒在船运过程中的温度变化；获取物流服务商、经销商、代理商等反馈的信息，同时将这些数据上传至区块链云平台，打通生产商、批发商、进口商、运输商、分销商、餐厅和零售商等环节的信息流，增强葡萄酒供应链的可追溯性，使消费者在eProvenance的网站上输入瓶身标签ID即可查询到该葡萄酒的产地信息和流通数据。

CHAPTER4

第四章 构建以消费者为中心的供应链

消费者对任何企业都至关重要，因为没有消费者，就没有销售；没有销售，就不会有收入和利润。因此，众多企业把“以消费者为中心”钉在经营理念墙上，并强调通过为消费者交付产品和提供服务来实现企业价值。随着供应链层面的竞争加剧，企业开始从供应链合作伙伴的协调和整合中获得竞争优势，旨在以相对较低的总成本满足供应链中的最终消费者。以消费者为中心的供应链战略提供了一种应对新时代的新挑战的方法，因为它能最大限度地优化供需适配、降低总成本，同时优化消费者体验与提高消费者满意度。消费者逐渐掌握了市场的话语权，需求的多元化与个性化特征并存，工业 4.0 新技术催生新模式、新业态，市场竞争加剧，新产品生命周期大大缩短，……以上种种挑战都让我们意识到，构建一个以消费者为中心的新供应链对企业非常重要。

第一节 数字化企业的消费者触点

在消费者不断崛起的“新消费时代”，企业不仅要以消费者为中心重新定义品牌与产品，更要以数字化思维重构从采购、生产到销售、服务的供应链全链条。过去“企业生产什么，消费者就购买什么”的逻辑已不再适用，企业更需要实时地了解、洞察消费者碎片化、个性化的需求，并围绕消费者的需求与痛点，开展品类创新、技术创新与模式创新。而且，对未来的企业而言，将产品交付给消费者仅仅是服务的开始，企业接下来还需要基于产品与消费者建立持续的强联系。

要从围绕产品和渠道，转型为以消费者体验为中心的数据驱动模式，感知并获取消费者维度的数据是第一步。企业需要全方位、立体化地感知和洞察消费者需求，形成基于消费者洞察的研发创新、智能制造、渠道管理、营销管理和仓储配送体系。在这一过程中，数字化技术在研发、生产、销售、物流、售后等环节的广泛应用是重要基础。与消费者建立数字化链接是企业实现数字化转型的基础行动，也是关键的第一步——构建以消费者为中心的供应链必须从与消费者建立数字化链接开始。

打造全渠道市场触点

在以存量竞争为主的当今时代，企业增长正逐步由产品、渠道驱动过渡到由消费者驱动，越来越多的企业接受并采用 DTC（Direct To Customer，直接面向消费者）模式，直接与消费者连接，经营消费者资产并专注于消费者价值管理。企业需要针对消费者开辟端到端的直连路径，需要打造全渠道市场触点，全方位地掌握第一手消费者数据，并与消费者建立高效、深层次的关系。

新消费时代，消费者需求日益分散、多元，消费时间与购物空间不断扩展，单一渠道业态结构在消费时间、购物空间上的覆盖能力弱，难以满足消费者需求。互联网电商快速发展，加快了消费者向线上渠道转移的速度，仅依靠线下实体渠道已很难满足企业发展的需要，企业需要打造包含线下实体门店、平台电商、直播电商、小程序、微信社群等在内的全渠道触点，覆盖并连接更多的消费者，并基于不同场景进行多渠道组合，为消费者提供一站式的服务。

以商超百货行业为例，由大型百货、中型超市、小型社区店以及线上商城、O2O 服务所构成的航母式、多业态组合已经形成。大型百货单店面积一般在 0.7 万 ~1.2 万平方米，销售覆盖半径大，产品 SKU 多，既能满足中低频消费需求，也能满足消费者的一站式购物需求。例如仓储式商场万客隆，营业面积达到 2 万平方米，选址多位于城乡接合部；而 Costco 在国内的首店，购物面积近 1.4 万平方米，单店 SKU 在 4000 个左右。中型超市以区域超市为主，门店数量占总体超市数量的 61%，一般覆盖周边 10 个以上社区，商品以生鲜、熟食、3C 产品、居家服饰、日用百货为主，以满足消费者日常生活所需为重点，同时具有一定的购物便利性。小型社区店单店面积多为 100~1000 平方米，覆盖周边 1 千米半径内的 2~3 个社区，商品结构以生鲜、熟食、日用百货为主，能满足日常高频消费需求，其主要优势是离消费者近，可为消费者提供便捷的购物途径。例如中百邻里生鲜超市，单店面积为 300~500 平方米，SKU 精简后约为 600 个，其中生鲜品类无论是经营面积占比还是销售占比均超过 50%。在电子商务的影响下，不少商超开始上线自己的App或小程序，发展线上商城，并结合同城即时配送服务，开拓O2O业务，拓展消费者渠道触点。例如，沃尔玛、永辉超市、华润万家、步步高、家家悦等头部连锁商超，以及欧亚、振华超市、三和超市、浙北超市、贵和超市、四方街、好邻居等区域连锁超市，均已和达达–京东到家合作，接入即时配送运力，依托达达–京东到家的众包运力网络、定制化混合运力模式和服务体系，保障多渠道订单的即时履约，让“1小时达”服务惠及更多消费者。商超百货行业通过大型百货、中型超市、小型社区店以及线上商城、O2O服务，形成全渠道体系，实现对不同半径、不同时间段、不同产品和服务需求的全覆盖。

在商超百货行业，永辉超市的多业态全渠道发展可以说是行业“楷模”。成立于2001年的永辉超市，截至2020年年底，在全国拥有1017家超市业态门店及156家mini店，门店面积超过775万平方米，覆盖29个省级行政区的572个城市，2020年营业收入达到931.99亿元，利润总额达到21.74亿元。

随着消费需求的升级，越来越多的消费者希望在任何时间、任何地点都能立即买到自己需要的商品，这一变化驱动了零售终端的线上线下全渠道发展。永辉超市顺应趋势，不断发展和调整渠道业态，加快增强全渠道零售能力。

自2010年上市后，永辉超市快速扩张，门店经营面积迅速增大，在此阶段开设的终端类型以大卖场和社区店为主，同时探索高端零售领域，开设Bravo YH精品超市（精品超市所售商品以中高端商品为主），迎合消费升级需求。2013年之后，永辉超市将线下渠道划分为红标店、绿标店两大类型，大卖场、社区店为红标店，新兴的精品超市为绿标店，并开始实施“红转绿”策略，仅2017年便有70家红标店转为绿标店。从2017年开始，由于感受到电子商务及新零售的快速发展，永辉超市开始发展永辉生活、超级物种两个新业态。永辉生活单店经营面积一般为80~300平方米，仅2017年便新增了172家；而超级物种属于“超市＋餐饮”业态，多以“店中店”形式进驻永辉门店，2017年开设有27家门店，经过几番调整，目前仍有23家门店在营业。随着超市小型化、社区化趋势的加强，永辉超市从2018年年底开始尝试mini店业态。mini店单店面积为300~500平方米，主打生鲜品类，同时也有冷藏食品、休闲食品、厨房用品等商品，仅2019年便新开了573家。据不完全统计，永辉超市自2010年以来，共经历了12种门店业态的迭代更新，在经过竞争的洗礼与自身的调整后，目前存续的为上文提到的红标店（大卖场、社区店）、绿标店（Bravo YH精品超市）、永辉生活、超级物种、mini店5种门店业态。

在发展线下实体门店的同时，永辉超市也紧握线上电商带来的机遇，于2015年推出永辉生活App，之后陆续增加永辉超市、YH 永辉生活、永辉社区 GO等小程序，丰富线上销售渠道，并与达达–京东到家合作，增强配送到家服务能力，实现线上渠道与线下门店的协作发展，形成“到店＋到家”的全业态模式。2018年，永辉超市又与腾讯智慧零售合作，联手推出“永辉生活卫星仓”O2O到家业务新模式。卫星仓采用前置仓模式，单仓面积为400~600平方米，SKU为3000~4000个，其中生鲜占比超过50%。卫星仓于次年升级为卫星仓2.0，增加了数字化、智能化内涵，准时履约率提升至95%，优化了消费者的购物体验。永辉超市线上渠道快速发展，2020年的销售额已达到104.5亿元，同比增长198%，线上销售额占总体营收的10%；同时，永辉生活自营到家业务已覆盖1000家门店，日均单量23万单，月平均复购率约为49%。而永辉超市管理层在公司成立20周年时发布的内部信中透露，未来永辉超市将加快数字化转型，加大“线上店”投入，推进线上线下全渠道融合发展，打造“手机里的永辉”。在2021年，永辉超市将夯实第三方管理的标准化，构建自有配送团队，优化线上平台各黄金触点的交互体验，增加线上消费者数量，将线上销售额在总体营收中的占比提升至16%。

永辉超市之所以能不断推进其全渠道业务战略，是因为背后有3个重要支撑。一是在渠道端发展多元化业态及渠道流量运营能力，使线上线下实现一体化融合发展，全面覆盖到店、到家的消费者。二是在消费者端稳步推进消费者数字化，依托消费者数据中心搭建全渠道消费者权益及会员运营体系，转客流为会员。数据显示，截至2020年12月31日，有900万线下门店流量转化为“永辉生活”平台会员。三是在仓配端建立仓端运营及配送管理标准，扩大自有配送团队规模，优化前置仓履约服务，不断提升仓配运营效率，让消费者从“手机里的永辉”也能获得便捷、优质的购物体验。

完成消费触点的数字化

在打造了全渠道市场触点之后，企业与消费者之间形成了线上线下多样化的触点。企业在以消费者为中心构建供应链体系时，迫切需要围绕消费者需求进行数字化布局，围绕消费触点进行数字化整合，借助数字技术加强与消费者的连接与互动，从而收集更多真实、即时的消费场景数据和消费行为数据，并以消费者数据为基础，重构研发、生产、销售及配送等链条逻辑，实现精细化运营，支撑营收及利润持续增长。

我们现在所谈论的消费触点是企业与消费者之间的不同形式、不同维度的连接点或接触点，主要分为线上、线下两大类，线上包含官网、自媒体公众号、App、小程序、电商店等，线下包含实体门店、自助售货机、商业广告、快递盒子、智能家电、送货员等；多个触点组合形成了消费触点网络，构成了企业了解消费者、与消费者交互的主要通道。在形成全渠道市场触点之后，企业需要融合线上与线下触点，为消费者提供完整、一致的消费体验。亚马逊自2015年开始拓展线下实体书店，也致力于为消费者提供线上线下一致的购物体验。在选书方面，亚马逊会让其平台上评分较高的书籍成为入驻实体书店的备选，并结合该书在亚马逊平台的销售/预售数据以及书籍陈列员的意见，来判断是否在实体书店上架该书。在陈列方式上，与其他书店不同，亚马逊书店先按照管理、社科、文学、儿童、科幻等划分大类别、大区域，再在各区域中借助数据做书籍推荐，如“超过1万条评价的书”“读者最喜欢的食谱”“Kindle用户3天就读完的书”“评分在4.5分以上的书”“长期处于心愿单前四名的旅游类书籍”等。在展示方式上，亚马逊书店牺牲书架空间，将书正面朝外摆放，使消费者可以直接看到封面，而不是书脊；每本书都配有标牌，上面附有亚马逊平台评分和书评，消费者用手机扫描标牌上的条形码可以进一步查询相关信息。此外，实体书店里的书与线上保持同一价格，消费者看到喜欢的书可以直接用亚马逊App结账付款。

为了便于采集、汇总不同触点的消费数据，实现线上线下一致的消费体验，企业需要对消费触点进行数字化。触点数字化指通过互联网、物联网等技术，对各类触点进行数字化、移动化或智能化，并采集消费者行为信息、消费交易数据、商品状态等不同维度的数据，形成多维度末端链接与数据获取能力，为下一阶段洞察消费者的需求做好数据积累与准备。消费触点的数字化也有助于倒逼后端供应链优化升级，正如腾讯智慧零售负责人所说，触点数字化过程帮助零售企业加深对消费者的理解，进而重新组装、优化供应链。

消费触点数字化的意义在新零售发展过程中逐渐为人们所了解与认可，那么如何对触点进行数字化呢？线上渠道有互联网技术作为支撑，可以便捷地采集消费者的浏览、停留、点赞、收藏、转发、下单、支付等行为的数据，因此，触点数字化的难点在于线下实体触点的数据采集以及线上线下触点数据的联通。要解决此问题，建立统一标签体系、应用物联网技术或装备、构建消费者数据平台是 3 项关键举措。

联通线上线下触点数据，需要在两者之间统一沟通的“话语体系”，即需要实现数据标准化，以便统一数据认知、打破数据孤岛局面，而建立统一标签体系是实现数据标准化的重要基础。消费者数据标签可以按常规分类，划分为人口特征属性、位置属性、设备属性、会员属性、交易行为属性、支付方式属性、消费偏好属性、活动属性、内容属性、社交属性等类型；也可以按数据源分类，划分为一方标签、二方标签、三方标签，一方标签数据主要为企业自有系统产生的数据，二方标签数据主要为广告投放后产生的数据，三方标签数据主要为外部合作第三方反馈或提供的数据。同时需要注意的是，数据标签并不是越全面越好，各企业应根据自身业务特点和实际场景需求，选择合适的标签。在建立好标签体系之后，不同触点的数据将以消费者为中心归集到同一后台，并按照事件或场景记录相关数据，企业可以由此清晰地看到消费者在什么时间、什么场景产生了什么样的行为。

线下实体触点属于物理世界，其数据的产生与采集依赖于物联网技术或装备。感应装置、摄像头、电子标签等可以将消费者的行为动作转化为数据，并通过 5G、蓝牙、Wi-Fi 等通信技术上传至数据系统；二维码或 RFID 标签可以将无生命物体变成信息系统可识别、可跟踪、可采集的触点；重力、速度及方向传感器，可以将消费者动作的速度、方向反馈给数据系统；温度、湿度传感器可以采集消费场所的环境数据；红外传感器可以监测液体产品的消耗进度，并在到达某个阈值时触发补货订单。物联网技术或装备为企业了解消费者提供了一个新的数字窗口，为企业提供了一些其以前无法触及的描述性信息，从而使企业可以更全面地了解消费者的购物行为、购物偏好、消费场景——这些数据不仅能帮助企业开展更为精准有效的营销，还将反推产品研发、生产制造、配送交付等环节的优化升级。

线上线下不同触点在统一标签体系下产生数据，这些数据最后传送、汇总到后端的一体化消费者数据平台。消费者数据、商品数据、库存数据与订单数据联通，形成覆盖消费者全生命周期的连贯、整体的数据链路和视图，形成更加精准的消费群体和会员画像，有利于提升品牌调性与目标人群的匹配度，支撑产品全生命周期的管控，赋能线上线下渠道运营，增强全渠道快速响应与交付能力，帮助企业构建“以消费者为中心”的核心竞争力。简单来说，消费者数据平台主要发挥了 3 个作用：首先是打破数据孤岛局面，汇总多来源、多维度的数据，联通分散触点和不同部门的数据；其次是对数据进行全链路的整理与“清洗”，去除重复数据，拦截欺诈数据，摒弃异常数据，提高数据的整体质量；最后是通过算法模型对数据进行不同维度的分析，形成更准确、更全面的消费者洞察，并将结果与建议反馈至研发、生产、营销、交付等环节，形成数据“采集—清洗—分析—反馈—优化”的闭环，帮助企业优化消费者体验。

加快门店的数字化进程

在线下实体触点的数字化升级方面，门店的数字化是重中之重。消费需求呈现多元化、碎片化的特征，消费者对快速、及时获得商品的需求与日俱增，单身独居人口数量不断增大，城市的快节奏生活导致消费时长被压缩，这导致越来越多的人没有时间进行远距离消费，需要近场终端来满足其购物需求，购物模式也转向小包装、多频次采购。

电子商务给门店带来了不小的冲击，不过线下消费仍占主要地位。

Euromonitor（欧睿）信息咨询公司的研究数据表明，即使到2025年，线下消费的占比仍有68%，远高于线上消费的32%。美团发布的《中国服务业小店经济活力报告》指出，小店规模小、经营灵活、深入社区，为消费者提供各种各样个性化、低频次、近场化的服务和产品；阿里巴巴零售通和奥维分析的数据显示，我国零售小店的数量约为630万家，每天服务1.2亿消费者，贡献了快消行业约40%的出货量。门店是消费者与企业或品牌的直接触点，是触达消费者最直接的窗口，是主要的消费场景与流量入口，对交易转化和消费者经营有着重要作用。因此，虽然正经历转型变革的痛苦期，但门店作为一个重要渠道，不会消失，除非未能跟上数字化步伐。

在工业4.0技术的“加持”下，在企业持续布局全渠道的趋势的作用下，门店将焕然一新。门店除了可以给消费者提供现场真实的体验感，在数字化升级后，还将具备更多“吸睛”功能；门店不仅仅是卖货渠道，同时也是“线上下单，线下配送”模式的起点，以及品牌提供个性化服务和体验的重要渠道。到店客流对企业或品牌来说，是相对精准的目标消费人群。借助科技力量将门店打造成一个有个性特点、让消费者喜爱、能与消费者互动、能使线上线下融合的消费场景，是企业全渠道布局的重要一环。

新冠疫情的爆发影响了人员流动，传统门店交易受阻，线上电商交易的渗透率进一步提升，无接触式购物、配送到家服务快速发展，促使门店加快数字化升级与数字化运营的步伐。疫情期间，很多线下渠道都在不同程度上遭遇了客流锐减、成交量下降、库存积压等问题。为了应对挑战，增强线上经营能力成为实体渠道共同的选择。例如，皮鞋品牌奥康在2020年5月与阿里巴巴签订“千店同城购”战略合作协议，布局“全域零售”新模式，借助阿里巴巴的数据技术，围绕消费者开启了门店的数字化探索，打通线上流量、线下门店、供应链配套等3条产业链的各个环节，实现商品、交易、数据、服务的数字化升级与线上线下深度融合；某鞋品牌也开设了两家新零售概念店，通过智能手机及手机应用软件，融合线上线下服务，为消费者提供无缝连接的个性化到店体验，甚至搭建了消费者与设计师一对一沟通的渠道，推出定制服务——定制好的鞋子将被放置于指定的储物柜中，消费者通过智能手机便可完成结算、开锁等动作。门店数字化升级、线上线下渠道融合均是重要的发展趋势，新冠疫情的到来只是加快了这一进程。能及时适应时代变化，完成数字化改造升级，优化线下到店体验与线上电商服务，为消费者提供更好的到店消费体验的企业或品牌，必将形成新的核心竞争力并在变革中脱颖而出。

门店数字化升级的重要性也已被相关市场监管部门注意到。2021 年 7 月，商务部办公厅印发了《智慧商店建设技术指南（试行）》（以下简称《指南》），旨在为实体零售企业建设智慧商店提供方法和路径，通过引导实体零售数字化、智能化改造和跨界融合，打造一批体验良好、服务精准、管理智能的智慧商店，更好地满足数字时代消费者新需求。在智慧商店建设方面，《指南》突出了推动门店场景数字化、推动供应链智能化、实现服务精准化 3 个方面的内容。在推动门店场景数字化方面，《指南》强调鼓励实体零售企业应用 5G、物联网、大数据、云计算、虚拟现实等新技术，实施全场景、全链条、全用户、全品类的数字化，推进智能导购、智能停车、电子结算、自助收银、电子价签、个性定制、虚拟试衣间等智能化、便捷化技术及其设施设备的应用，改善门店经营，优化消费者体验。在推动供应链智能化方面，《指南》强调推广集采集配、统仓统配、反向定制等新模式，强化物流支撑，推广自动订货、组货选货、智能盘点、前置仓、无人仓库、周转筐循环共用，鼓励第三方数字化服务商进行专业技术赋能，推动零售流通渠道重构，促进商产联动、产销适配。在实现服务精准化方面，《指南》强调推动卡券线上发放、全渠道兑换及活动发布、智能推送、积分通兑等数字服务，鼓励线上导流、线下体验，线上线下流量共享，推动线上线下商品“同标、同质、同价”，统一即时配送服务，提供终端便捷查询、订单跟踪、售后服务等全链条、全流程服务。

在这股门店数字化升级的浪潮中，自然少不了数字技术积累丰富的互联网巨头的身影。下面我们看看苏宁、阿里巴巴等平台型企业如何赋能门店数字化升级。

苏宁认为，要实现门店数字化升级，并不能简单地应用数字化设备和信息化系统，而是需要围绕消费者、商品、供应链、门店等领域进行全面数字化，集成并打通各环节涉及的经营数据、用户数据、消费数据，进行销售预测及经营规划，增强全方位管理及运营消费者和商品的能力，最终实现消费体验的优化及门店运营的降本增效。为了更好地总结门店数字化升级的模式及路径，苏宁团队对 3000 家传统门店进行了走访调研，总结出数字化经营模式相较于传统经营模式的 4 个关键优势，具体表现为消费者端的获客模式多样，经营模式丰富，能充分挖掘消费者价值；商品端的智能供应链效率更高，商品管理更加智能精细；门店端实现 O2O 全场景互联，从流量、转化率、消费黏性、复购率等维度全面提升门店坪效；运营端实现门店运营全链路的数字化、智能化，有效支撑运营统筹决策，促进门店业绩稳定增长。苏宁结合在智慧门店领域的实践，提出了门店数字化升级的操作方案，覆盖开店、进店、逛店、离店 4 个维度，具体内容如图 4-1 所示。

苏宁零售技术研究院院长更是认为，未来线上线下的边界会越来越模糊，终端门店的竞争将更加多维，门店数字化升级转型将在消费者体验、门店运营效率、业务经营模式等方面助力企业在实体渠道端构筑全新的竞争力。

A. 开店：在选址和商品规划方面

A1 智能选址：智能选址系统通过对商圈进行大数据分析，确定门店最佳经营位置。
A2 商品结构：通过对商圈人群及消费结构等多维度数据的分析，规划门店最佳商品结构及运营策略。

B. 进店：在引流入店方面

B1 吸引客流：通过“颜值”互动、AR 互动电子橱窗、迎宾机器人吸引用户入店。
B2 用户识别：通过人脸识别技术获取用户身份信息，与用户管理系统数据匹配后，获取用户画像。
B3 用户标签：通过数字摄像头记录用户到店轨迹，记录用户画像并根据类别属性打上不同的用户标签。

C. 逛店：在逛店互动方面

C1 用户互动：通过智能试衣镜、智能机械臂、AR 合影，吸引用户在店内互动。
C2 体验优化：通过云货架、智能溯源等产品优化用户在逛店环节的体验。
C3 无感支付：通过苏宁无感支付，更好地形成消费闭环。

D. 离店：在用户精准营销和运营提升方面

D1 线下数据采集：过门店客流分析、店内热力图分析、AI 消费者行为分析。
D2 营销效果评估：对离店用户进行可触达、可追踪、可沉淀的智能化精准营销。
D3 运营能力增强：通过无人店、远程视频巡店、售货机器人延长售货的时长，提升经营效率。

图片来源：苏宁零售技术研究院

图 4-1　苏宁门店数字化升级操作方案

阿里巴巴对实体门店的数字化赋能，则可以追溯到 2015 年。在这一年，阿里巴巴从“中供铁军”中抽调骨干成员，启动零售通项目，并在 2016 年 5 月正式成立了零售通事业部，目标是帮助 630 多家零售小店进行数字化转型。在为门店赋能的过程中，零售通有着与众不同的次序，它先通过数据赋能小店的选品，再链接阿里巴巴生态圈扩展小店的经营场景，最后才是增强店主的经营能力。

在“货”方面，零售通借助阿里巴巴在零售批发中积累的大数据，帮助小店分析其周边消费人群偏好的商品类目、价格区间以及品质诉求，并结合老人场景、学生场景、白领场景、饥饿场景等不同场景，对小店商品结构、选货组货提出合理建议，完成小店货品的重构。

在“场”方面，零售通通过 POS 机、手机 App 等载体，为小店接入饿了么平台，帮助小店构建线上销售渠道；接入蜂鸟即配运力，增强小店的本地即时配送服务能力；为有场地、空间的小店免费提供自助售货机，使其拥有无人售货能力，从而能延长营业时间。未来，当这些系统在小店端全部打通后，消费者即使在半夜也可以通过饿了么 App 向小店或自助售货机下单，由蜂鸟配送骑手从店里或在机器上输入取件号后取货并配送至消费者家门口。通过与阿里巴巴生态圈的链接与融合，零售通帮助小店增大了其销售覆盖的空间半径与时间跨度，大大延伸了小店的经营场景。

在“人”方面，零售通用大数据帮助店主增强选货能力，用 POS 机系统帮助店主实现进销存全流程的数字化，提升理货准确率与经营效率，同时向店主提供免息赊购、滞销赔、过期赔等金融扶持，减轻店主的经营压力，从而将店主从烦琐的事务中解放出来，能够更加专注于与周边消费者的互动，保持小店的“温度”，而且可以用较低的成本和较少的精力投入实现小店的数字化管理。

在 2021 年，阿里巴巴加强对小店数字化升级的关注，整合盒马集市、零售通及驿发购等板块成立 MMC 事业群，使其与淘宝事业群、大天猫事业群、大聚划算事业群、B2B 事业群等并列，成为阿里巴巴的独立一级部门，其战略地位得到提升；MMC 事业群总部设立渠道、运营、供应链和技术四大部门。

合并后的 MMC 事业群将瞄准近场电商，专注于小店数字化升级，让小店以更强的数字化能力服务周边的消费者，让邻里之间更有温度。具体而言，MMC 事业群在供给侧整合阿里巴巴原有的 2C、2B 供给资源，并借助数字化能力实现小店的智能补货；在门店侧，普及包括 POS 机在内的数字小店操作系统，提升小店数字化渗透率，增强小店的运营能力；在消费者端，通过淘宝、支付宝、微信小程序、微信群等为门店导流，汇集确定性需求，对消费者需求进行即时洞察，并指导上游供应链的生产与供给。根据 MMC 事业群湖北区负责人的介绍，“MMC 事业群的目标是打造以销定产和以销优产的系统”。简单来说，MMC 事业群希望通过对小店进行数字化赋能，将其转变为“社区综合服务站”，并将最终消费者在服务和产品上的确定性需求向后端环节传递，以 C2B2M 模式让源头工厂和农户以最优的链路连接小店，驱动货配人，从而实现以销定产和以销优产。数字化小店 MMC 模式如图 4-2 所示。

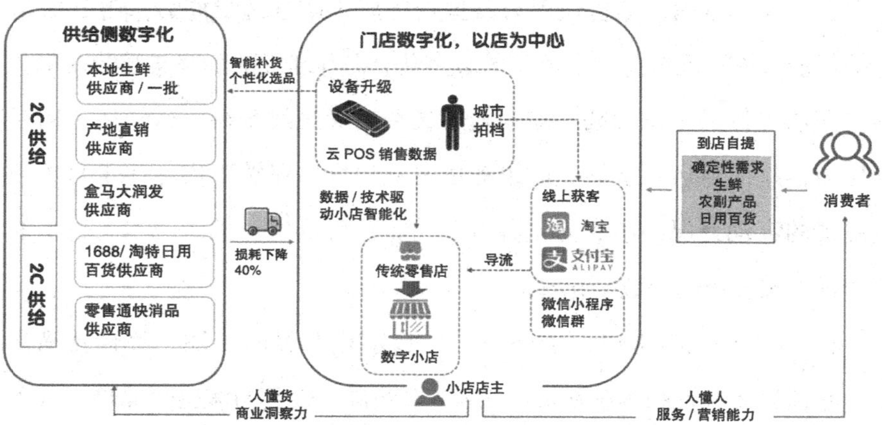

图片来源：中信建投、阿里巴巴

图 4-2　数字化小店 MMC 模式

第二节 洞察需求并将洞察力转化为驱动力

移动互联网在各商业领域生根发芽，物联网技术正将越来越多的实体终端或设备数字化，5G 技术及智能设备的普及正在创造更多消费场景，线上线下全渠道融合趋势不可阻挡，消费者触点日益丰富，企业能获取的数据愈加多维。在此背景下，如何聚拢分散的数据，如何打破数据孤岛局面，如何利用全渠道数据构建统一、全面、多维的消费者画像，如何更加深入地实现消费者洞察，如何打造洞察驱动型企业等种种问题，便成为企业必须面对的挑战。

精准识别与预测消费者需求

消费者需求的迅速变化使需求预测成为供应链管理者面临的重大挑战之一。突然降临的新冠疫情及其在全球范围内的大流行，改变了消费者行为、原材料供给、货运运力供应等，甚至使某些商品偏离了原有的供需曲线，这都使需求预测难度“更上一层楼”。

精准识别与预测消费者需求，要求企业具备洞察消费者的能力，要求企业在与消费者的连接、互动中，从多元复杂的消费行为、消费心理、兴趣偏好、反馈评价等数据中，梳理出脉络，探究其规律，洞悉隐藏在背后的本质。

《韩非子 · 说林上》有语：“圣人见微以知萌，见端以知末。”这句话的大意是圣人根据微小的苗头便知道可能会发生的变化，见到事情的开端便知道最后的结果。正所谓，见一叶而知深秋，窥一斑而知全豹。知名商业咨询顾问刘润曾说过，所谓洞察力，就是透过表象，看清分析对象里的要素以及要素间的连接关系的能力。人与人之间的真正差距在于洞察力，企业间亦然。企业需要通过市场上消费者的种种行为精确地判断出其真正需求。在“以消费者为中心”的时代，洞察消费者的能力变得越来越重要。全渠道数字化触点帮助企业获得了大量结构化、非结构化数据，在此基础上，企业要学会“沙里淘金”，从中挖掘出有价值的信息并传导至研发、生产、营销、交付等各个环节，以优化决策，打造洞察驱动型组织。

工欲善其事，必先利其器。要打造洞察驱动型组织，企业首先需要掌握用于洞察消费者的主要工具或模型。这里介绍几个比较常用的工具或模型以供参考。

- **因子聚类分析法**

企业在挖掘消费者需求时，对于大样本的定量分析，尤其是数据维度较多时，采用因子聚类分析法是一个比较好的选择。因子分析是利用降维的思想，从研究原始变量相关矩阵内部的依赖关系出发，把一些具有错综复杂的关系的变量归结为少数几个综合因子的一种多变量统计分析方法。聚类分析是根据事物本身的特性来研究个体分类的统计方法，是按照物以类聚的原则来研究事物分类的。这两者经常综合使用——从众多影响因子中找出关键公共因子（即主成分因子），同时根据相关性将反映同一个问题的因子归类，形成新的解释变量，而解释变量的数量由因子分析得出的关键因子数量决定。因子分析提取关键因子，简化指标体系，聚类分析在因子分析的基础上对研究对象进行归集分类，简化研究解释过程，二者相得益彰。

- **HMW 分析法**

HMW 是 How Might We 的英文缩写，即“我们可以怎样”。企业在不清楚如何满足消费者需求时，可以尝试使用 HMW 分析法，采用类似于头脑风暴的方式，针对消费者、消费场景、需求问题、解决方案的思路，搜集、讨论多种见解，提炼隐藏在背后的核心概念和产品需求，梳理出产品研发或优化方向，通过不断分析、分解需求和问题，最终得到可落地的方案。HMW 分析法在新产品、新功能的研究过程中常被使用，它可以帮助我们打破固有的惯性思维逻辑，开拓视野，从不同角度对问题进行剖析，以寻找更好、更合适的解决方案。

- **卡诺模型分析法**

卡诺模型是一个用于对消费者需求进行分类、排序的有效工具，能用于分析消费者需求对消费者满意度的影响，并进一步揭示服务内容（或产品性能）与消费者满意度之间的非线性关系。在卡诺模型中，产品或服务质量特性被划分为 4 种类型：必备类、期望类、魅力类、无差异类。它们之间的优先顺序为必备类 > 期望类 > 魅力类 > 无差异类。换句话说，消费者需求中的必备类需求和期望类需求应优先得到满足。因为当你满足消费者的必备类需求时，其满意度不会提升；无差异类需求是消费者根本不会在意的需求内容，对消费者满意度没有影响；而当你满足消费者的期望类和魅力类需求时，其满意度会有比较明显的提升。

- **消费者画像法**

消费者画像是对目标消费群体属性特征及需求特点的具象刻画，是企业在收集与分析消费者的社会属性、使用习惯、消费行为、产品喜好等多维度数据之后，完美抽象出的消费者信息全貌。通过消费者画像的构建，企业可以快速找到精准的目标消费群体，并得到与目标消费群体相关的丰富且具象的信息，可以更好地理解目标消费群体的行为模式与需求特点，重新建立与消费者的关系，同时将画像信息反馈至营销端、研发端、生产端，用于指导相关决策，形成消费闭环。消费者画像法需要综合应用定量分析与定性分析两种方法：面对从多渠道、多维度收集到的数据，企业需要采用描述性分析法、因子聚类分析法等定量分析方法进行详细的统计分析，形成消费者画像的“骨架”；在数据分析的基础上，企业要结合一对一深度访谈、焦点小组座谈、文化探寻等定性分析方法，更深入地了解消费者的生活方式、消费场景、个性特征、思考方式、价值取向等信息，充实消费者画像。

- **用户故事法**

产品更新迭代快，为了快速捕捉消费者需求的变化，用户故事法被引入需求分析领域，以“故事”的形式来记录、描绘消费者在具体场景下的具体需求内容。“用户故事”是用一段话去描述一个需求，包含角色、功能、商业价值三要素，描述方式通常是作为一个什么“角色”，“我”想要什么样的“功能”，以取得什么样的效果，即“商业价值”。好的“用户故事”需要遵循 INVEST 原则，即 Independent（独立的）、Negotiable（可协商的）、Valuable（有价值的）、Estimate（可评估的）、Small（小型的）、Testable（可测试的）。独立原则要求每个用户故事相互独立，既不依赖也不交叉重叠于其他用户故事；可协商原则指用户故事描述的需求较为简短，企业在产品研发与优化过程中对具体细节可以另行沟通；有价值原则要求每个故事应从消费者角度出发进行编写，体现消费者的价值主张；可评估原则要求故事中提到的需求，其所需的研发或改良成本应可以估测；小型原则要求用户故事简练短小，以便快速迭代；可测试原则要求用户故事描述的需求不可模糊笼统，以便于设计验收标准。

除了对消费者过往及当下的需求进行描述性分析，企业在供应链管理过程中还需要加强对消费者需求的预测性分析。需求预测，即通过技术手段在现有数据、发展趋势的基础上，预估未来某一时间段内消费者对企业产品的需求；做好需求预测是企业提前进行原材料采购安排、生产计划排期、物流网络优化、安全库存水平设置等一系列动作的重要支撑。做好需求预测可以帮助企业获得稳定、快速、可持续的发展。波士顿咨询公司与谷歌在2019年的研究数据表明，需求预测对企业业务增长的重要性排在第一位；通过大规模使用人工智能和高级分析技术，企业可以实现超过10%的营收增长。

在需求预测领域，常用的定性预测方法主要有情景预测法、专家预测法、德尔菲法和经验判断法。由于定性预测方法含有较多主观成分，多依靠企业或个人的经验来推测未来的情况，因此多作为定量预测方法的补充手段使用。定量预测方法中被广泛应用的主要有时间序列分析法、简单移动平均数、加权移动平均数、指数平滑法、因果分析法、回归分析法等统计学方法。定量预测需要提前关注的主要有两点，一是对数据进行“清洗”与整理，减少错误数据，剔除偶然事件造成的离散值，对促销活动产生的极值进行“削谷填峰”，以提高数据质量；二是选择适当的分析颗粒度，分析人员需要根据具体的业务场景与预测目的，在时间、区域、产品等维度上选择合适的颗粒度，各维度数据的颗粒度越高，预测结果的准确度越高。

为了生成准确的需求预测，企业必须能够处理大量可能影响需求的变量。而随着数据的积累及预测难度的升级，传统预测方法已有力不从心之象，因此大数据算法、机器学习、人工智能等新技术被逐步引入需求预测领域，常用的趋势预测算法有自回归积分滑动平均模型、神经网络模型、Prophet 模型、支持向量机、随机森林等。大数据算法可以较好地应对大数据的挑战，系统可以在一分钟内进行数百万次预测计算。机器学习不仅可以增强需求预测的准确性，还可以使大量的规划工作自动化。人工智能在接入企业内部数据的同时，可以结合天气、交通、搜索指数、大型活动、竞争对手定价数据等外部数据进行预测分析，从而提高预测结果的准确度。有数据显示，结合天气数据进行预测可以将单个产品销售预测误差降低 5%~15%，将门店销售预测误差降低 40%。优衣库在 2018 年便已引进人工智能技术用于预测消费者需求，广泛收集优衣库全球实体店及电商店的数据，结合天气、流行趋势等外部数据，预测产品的销量，避免生产多余产品，同时将产品提前备置于消费者需求较强烈的区域，以加快产品的履约交付速度。

在应用中将洞察力转化为驱动力

“用户至上、体验为王”是互联网时代推崇的理念，消费者也在不断向市场宣示其“主权”。消费者需求在供应链各环节上均具有逆向传导作用，“以消费者为中心”已不再是一句“纸上写写、墙上挂挂”的空话或口号，它要求企业认真、细致地洞察消费者需求，精准感知消费者，构建消费者画像，并以消费者“意见”为轴推动供应链优化，推动形成运营决策的数字化闭环。

全渠道市场触点能帮助企业比以前更为便捷地获取数据，但是企业如果没有及时、高效地加以应用，即使是最具启发性的数据对企业也没有帮助，因为数据本身并不具备价值。正如《洞察力的秘密》一书所说，“如果敏锐的洞察力不能转化为具体的行动，那么这种洞察力其实是无效的”。海量的数据中蕴藏着巨大的商机，但是一堆随机的数据无法产生价值。所以我们需要整理、分析、挖掘数据，进而进行深入的洞察；在洞察的基础上，借助数字化平台，将消费者数据洞察转化为供应链网络中的生产要素，改善供应链计划和执行的各个方面，打造“大数据—大洞察—大驱动”的数据洞察驱动型组织。数据已经成为新货币，领先型企业正在投资新技术，将数据转化为洞察力并驱动企业发展。埃森哲的研究表明，投资构建分析型、轻资产协作型架构会显著增大供应链对收入的影响；领先型企业 13% 的平均收入增长中，超过 2/3 来自协作、创新和数据驱动的洞察技术。另有数据显示，以数据洞察作为决策参考依据的企业，相比同行业企业，其产量高出 5%、营收高出 6%。

技术进步使数据变得更容易收集、解释和共享，这正在改变供应链管理的世界。截至 2020 年，市场上 55 亿部智能手机和 200 亿个物联网设备让我们获取供应链数据的能力呈指数级增长；企业不仅能收集到渠道商的销售数据、制造商的生产数据，还能收集到消费者的消费行为、家中冰箱库存水平、商品在途情况、收货体验等数据。因此，我们即将看到数据驱动型供应链出现，这类供应链将捕获来自搜索引擎、社交媒体、仓库、车辆、门店、合作伙伴、消费者等的线上线下数据，并将其与其他数据相结合，更好地预测和管理资源，以满足消费者需求。

企业希望数据驱动型供应链能帮助他们了解消费者在店内想要什么、消费者期望如何交付包裹、消费者期望如何获得订单交付进程信息、零售系统如何对接实时库存、如何优化最后一公里配送网络等关键问题。

企业对数据驱动型供应链管理方法有非常强烈的需求，其兴趣点不仅在于加快库存周转速度、提高按时交付率、减少货损货差、增强响应性和优化网络等，更在于通过数据驱动型供应链的构建，打造可持续的竞争优势、改进风险与损失管理、提高经营利润率、增强供应链敏捷性和做出更明智的业务决策，如图 4-3 所示。

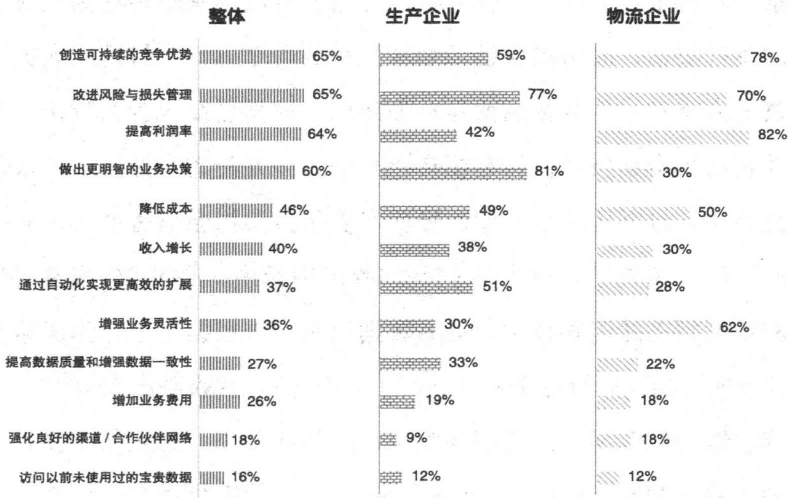

数据来源：澳大利亚泰尔斯特拉有限公司

图 4-3　企业实施数据驱动型决策带来的好处

打造数据洞察驱动型组织的好处已然被企业所理解与期待，不过实施数据驱动型供应链战略还面临着数据安全、生态内部成员数字技能存在差距、技术部署复杂等挑战。那么，接下来的问题便是如何构建一个有效的数据洞察驱动体系，以实现从数据洞察到数据驱动的演进。在这一方面，本书综合多方观点，提炼出“C-TIAO”5 步法以供参考。

第一步：形成共识（Consensus）。数据洞察驱动型组织涉及的数据来源是多元的，牵涉供应链网络中的众多利益相关方。因此在实施数据驱动型供应链战略之前，企业应将数据洞察驱动所带来的益处、自己将面临的挑战以及需要投入的成本等相关信息，如实地告知内外部利益相关方，并一起探讨、调整未来的实施方案，以便在实施数据洞察驱动型组织升级这一方向上形成统一认识、达成共同目标。

第二步：部署关键技术（Technologies）。企业需要部署的关键技术主要有 4 类，一是大规模采集数据的技术，如物联的环境感应设备、智慧互联的产品外包装等；二是有利于数据传输与共享的技术，如 5G、区块链、通用数据标准等技术；三是实现自动或半自动分析的技术，如人工智能、机器学习、大数据算法等；四是搭建有助于协作的数据中台，这一中台不仅打通了全渠道消费者数据，还汇集了原材料供应商、生产车间、合作伙伴、员工信息等多方数据，实现了数据的快速共享，从而增强了供应链的可见性，同时向不同利益相关方开放不同的访问权限，让数据更具有可访问性，便于各类数据分析结果顺畅地流转至所需之处。

第三步：形成深度洞察（Insight）。数据一直存在于各处，近年来，我们只是利用数字化技术改变了捕获、传输与存储数据的方式而已，但仅做到这些还不足以让数据形成洞察力与驱动力。要让数据变得更有价值，企业需要深入挖掘隐藏在数据背后的规律与本质，发现以前或别人未曾了解的信息，形成深度洞察。而要实现这一点，除了部署关键技术，企业还需要招募数据方面的人才，如数据挖掘工程师、算法工程师、数据建模师、数据架构师等专业人才。

第四步：促成行动（Action）。发挥数据的可访问性、可用性等优势，向内外部利益相关方推送、讲解数据洞察的结果，帮助企业优化实施方案，提升管理层的决策效率与正确度。消费者人群细分及画像分析，可以帮助营销部门提高投入推广费用的精准度，也可以帮助研发部门设计出更符合市场潮流的产品。

第五步：获得反馈并持续优化（Optimization）。企业应从沟通与业务落地的过程中得到关于数据洞察结果的反馈，寻找差异化原因，总结个中不足，改进数据算法，循环反复，快速迭代，持续优化，从而促进服务业务创新、抢占市场先机、增强使业务增长的能力。

通过采用"C-TIAO"5步法，企业能在内外部生态系统中统一思想认识与目标方向，更加有效地采集、管理和分析各类数据，既了解发生了什么，也知道事件或现象背后的原因，并在深度洞察的基础上提出实施方案，促成更明智的决策与行动，有效降低经营风险、把握市场机会，并在不断优化中构建可持续的竞争优势，从而完成"大数据—大洞察—大驱动"的数据洞察驱动型组织的转型升级。

第三节　以消费者为起点规划供应链体系

在互联网时代，信息变得更加透明，信息不对称在减弱，消费者变得更加理性、主动，要求也更高，定制化、小批量多批次、快速履约交付等需求不断增加。企业必须改善供应链以满足这些更高的期望，成本效率优势已然不足以支撑企业的可持续增长，供应链还应专注于消费者体验、产品交付体验，需要有快速响应需求变化的能力，并且要有足够的弹性以应对外部环境的不确定性。因为高德纳的数据显示，80% 的企业 CEO 认为当前的竞争主要或完全基于消费者体验；而且有研究表明，以消费者为中心的企业，其赢利的可能性比同行业竞争对手高出 38%。

以消费者为中心制订供应链战略

电子商务加速渗透，线上线下渠道不断融合，企业管理者们已意识到他们需要一个由消费者驱动的供应链体系，从消费者需求出发构建供应链，减少中间环节，降低产品总成本，加快产品及信息流转速率，强调消费者需求链与产成品供应链的联动，以便为消费者提供更优的购物体验。如今，消费者的行为习惯发生了明显的改变，越来越多的消费者习惯于在线上购物并在家等待配送，越来越多的企业随之强化了 DTC 战略，以满足“在家消费”模式及最后一公里履约交付的需求。而在数字化供应链里，供应链不再是线性形态，而是一个网络结构，供应链中的每条路径均有相应的场景。因此，供应链需要变得更加灵活，更善于洞察消费者需求，以便更好地服务消费者，并增加利润。

以前，新零售、新渠道、新营销是人们津津乐道的话题，如今，新供应链逐渐成为企业关注的议题。当企业开始从专注于产品、营销、渠道转向专注于为消费者提供全方位优质体验时，后端供应链也需进行相应的调整——各环节围绕消费者需求重新配置资源，部署先进技术及人才，并加强协作与创新，以确保消费者在不同触点均能享受到一致的体验。有研究发现，传统的供应链运营模式和组织结构阻碍了“以消费者为中心”战略的落地，所以企业应该规划、设计一个新的供应链战略。

消费时代的演进与外部环境的变化，让企业不得不审视一系列当下及未来可能会出现的变数，采用或设计新的供应链战略，以适配外部需求驱动的要求。正如“世上没有两片完全相同的树叶”，每家企业的供应链战略不尽相同，具体方案应根据企业所处行业、目标设定和消费群体特征等因素采取不同的形式。因此，供应链战略无法穷举，本书仅总结当前制订消费者驱动型供应链战略需要重点关注的 3 项内容，希望对各位读者有所启发。

- **内容 1：构建 DTC 模式**

DTC 模式并不简单地等同于线上电子商务，更多的是指品牌商绕开分销渠道体系，向最终消费者直接销售产品的模式。直达消费者的渠道可以是线上电子商务渠道，也可以是直营门店、自动售货机、智能冰箱等直接与消费者接触的线下渠道。这一模式并不新鲜，但是在过去几年里越来越受到企业管理者们的认可。巴克莱银行 2020 年的调研数据显示，至少有 57% 的英国消费者有直接从厂商处购买商品的经历，厂商预计未来3年DTC模式下的销售额将从960亿欧元增长到1200亿欧元，到2023年，DTC业务带来的物流收入将占物流提供商总收入的50%；而在美国，2020年DTC模式下的销售额增长了45.5%，DTC模式显示出强劲的发展势头。

企业热衷于强化DTC模式，是因为该模式可以为企业带来诸多好处：一是缩短供应链链条，减少中间商环节，使企业对终端市场有更强的掌控力；二是直接与消费者建立连接，使企业可以更为便利地与消费者直接沟通、互动并获得他们的行为、偏好、人口特征等数据，与消费者建立更紧密、更长久的联系；三是缩短产品上市周期，通过变短的供应链以及对消费者数据的洞察，帮助企业加快产品的研发与投放速度，同时更快地获得反馈并迭代优化产品；四是通过深入的消费者需求洞察、先进的数字化技术、对产品销售方式更好的控制等，企业可以与消费者保持较好的关系，并更专注于消费者满意、整体购物体验，聚焦于消费者需求。

罗兰贝格从近10年来不同企业的实践中，总结了4类典型的DTC模式，分别为“产品为王”型、“快速应变”型、“营销主导”型和“着重体验”型。“产品为王”型模式的内核是通过深入洞察消费者未被满足的潜在痛点与需求，打磨出色产品、打造明星单品、创造全新品类，使产品在众多竞品中脱颖而出。“快速应变”型模式重在通过供应链创新/改革，辅以大数据趋势捕捉与前端小批量测款等手段，打造柔性供应链，在减少库存积压的同时，加快市场响应的速度。“营销主导”型模式侧重于借助新渠道数字化营销手段，与消费者进行多维度、高“量能”的连接与互动，协助企业提升品牌知名度与销售业绩。“着重体验”型模式极其注重消费者的购物体验，通过改良产品、优化售前售后服务、加强交流互动、推进线上线下融合等措施，全方位改善消费者的购物体验。在此基础上，罗兰贝格还归纳、总结出消费者共创、针对性开发、个性宣言、敏捷反应、渠道融合、打造用户池、社交与互动、体验型消费、数字化赋能等构建 DTC 模式的九大关键要素，具体内容如图 4-4 所示。

图片来源：罗兰贝格

图 4-4 构建 DTC 模式的九大关键要素

- **内容 2：制订细分供应链策略**

如果你想要构建一条真正以消费者为中心的供应链，你需要了解供应链服务于谁。笼统地喊着“以消费者为中心”，除了能带来短暂的精神激励，对企业经营并不会产生什么实质性的正向影响。不同区域、不同产品线、不同渠道、不同消费群体所产生的商业价值不尽相同，所以企业要避免落入“平均”陷阱之中，更要避免“一刀切”地套用同一条供应链，而要以不同业务需求、消费群体需求为起点创建与之相适应的供应链。

企业需要想办法满足广大消费者的需求，但是“一刀切”的供应链战略无法适配需求、业务、渠道的多样性。企业需要根据不同渠道、不同消费群体、不同业务对企业的不同价值，采用价值主张不同的供应链战略，以平衡成本、效率与服务，提升企业的赢利水平。高德纳将供应链细分描述为设计和运营截然不同的端到端（从供应商到消费者）价值链，细分的供应链包含独特的用户价值、产品属性、制造和供应能力以及业务价值等要素；从本质上讲，供应链细分是消费者需求和供应响应能力的动态配对，提升了每个细分市场的利润率。

我们可以为碳排放量较小的产品系列设计一套低碳供应链，实施供应商“零碳计划”，建造“零碳工厂”，提供绿色物流服务，以满足可持续发展的需要；我们可以在低利润水平业务的采购、生产、物流及售后服务中推行标准化，落实低成本战略；也可以为高利润水平业务设计一套快速、灵活的供应链，以保障它能跟上市场变化，不断扩大规模和创造更多利润。这基本上意味着一条物理供应链中将同时运行多条虚拟供应链，企业将拥有多个消费群体和渠道组合、产品组合、供应商和供应模式组合。企业可以根据当下的发展需求，决定优先投资于哪一条细分供应链，更好地调整供应链政策与消费者/产品价值主张，提高预测精度，减少库存浪费，从而优化消费者体验，同时增强产品组合的赢利能力。

制订细分供应链策略通常需要 3 个步骤：第一步是在数字化技术的支持下，根据目标消费群体、渠道、产品、业务战略等维度创建细分市场；第二步是确定每个细分市场的消费者价值主张，即明确不同细分市场的核心需求；第三步是理清满足不同细分市场所需的服务成本模型，并设计对应的供应链策略，以完成相应的交付工作。在具体的实践过程中，以下 8 个关键点需要我们关注。

进行核心需求与服务成本分析。分析细分市场的核心需求，以及满足这些需求所需的服务成本，为细分供应链策略的制订提供必要的信息和数据。

向供应链核心职能传递需求信号。需求信号以订单、预测和安全库存等形式存在，并牵引供应链动作。企业必须将不同消费群体、不同渠道的需求信号传递给总体规划、运输规划、分销规划和工厂规划等供应链核心职能，以保证供应链战略与细分战略一致。

实施差别化库存策略。根据消费者购买的频率、产品属性等维度，综合分析现有仓库布局与库存结构，对不同细分市场实施不同的库存策略——保质期短、购买频率高的商品更多偏向于城市仓、前置仓布局，反之则更倾向于中心仓布局，同时要决定不同 SKU 在不同等级仓库中的存储数量。

实施差异化补货策略。根据不同消费群体的规模、所需的服务、利润率水平以及涉及的渠道属性等多个因素，实施不同的补货策略。其中重要的趋势是根据终端销售点的实际数据形成补货订单，依据终端的真实需求直接向厂商发出补货订单，从而削弱牛鞭效应。

实施差异化采购策略。企业应根据细分市场的成本要求、补货需求、外部贸易环境、运输复杂度、材料等级等因素，面向供应商实施差异化采购策略，综合应用集中式采购、分布式采购、本地化采购、全球化采购等多种形式。

实施差异化的履约配送。履约配送通常是让产品与消费者接触的最后一个环节，与购物体验有着较强的相关性，需要企业提供较好的履约服务。不过，考虑到不同目标消费群体的不同要求及成本限制，企业可以在即时配送、当日达、次日达、自提等方式中灵活选择相应的履约配送方式。

定期进行总成本分析。需求波动、货币汇率变化、运输线路变化、外部环境波动等不确定因素导致供应链成本水平及结构均处于动态变化中，在运行细分供应链的过程中，企业需要定期分析供应链总成本，识别与原有计划的差异并给予相应的调整，以确保供应链能产生利润。

设立卓越的供应链领导小组。该团队直接向首席运营官或首席执行官汇报，负责综合各类数据与信息，进行细分市场分析以及细分供应链的创建、运行与调整等工作，尤其是要将细分供应链的相应策略部署至相应的职能部门流程中，以确保企业保持理想的消费者服务与利润水平。

- **内容3：前置您的履约中心**

构建以消费者为中心的供应链，最重要的是从消费者角度出发，也就是说要改变过去从企业自身的角度看问题的方式，由过去的“在哪儿生产便在哪儿购买”转变为“在哪儿销售便在哪儿生产”，由外部需求牵引内部运作，使企业职能及商业价值围绕消费者体验展开。

敏捷性是以消费者为中心的供应链的一个关键特征，因为消费者对快速履约交付的需求越来越多。研究数据显示，“数字消费者”由订单快速交付驱动，如果商店提供当天送货服务，消费者购物的可能性就会提高77%。我们也看到，近年来，商品交付时效从几日达缩短至当日达、半日达，即时配送更是实现了半小时达。为了满足消费者的要求，紧跟市场及供应链需求的变化，将商品放置于更靠近消费者的地方，是零售供应链的一个重要发展趋势。而城市中商业设施的建造或租赁成本均较高，前置的空间必然要求小型化。因此，市场上前置的微型履约中心越来越得到大家的关注，也是一个值得企业尝试的方向。

“最后一公里”的履约成本占产品供应链总成本的41%，微型履约中心的目标是尽可能地接近消费者，从而缩短“最后一公里”的配送时长，在加快产品周转速度的前提下将订单相关成本降低 75%，同时增强运作的灵活性、优化购物体验。那么微型履约中心长什么样呢？简单来说，它是一个小型化、高密度、高集成、更贴近消费者的履约空间，具有以下 4 个特点。

首先，微型履约中心的名称便说明这一设施的物理空间较小，它要求企业在一个几百平方米的空间内，通过窄过道立体货架向高度要空间，以存储更多的商品。其次，空间狭小及高密度存储的特点，要求微型履约中心应用更多自动化设备、智能化技术以有效提升运作效率，不过这些设备或技术应已接受市场验证，采用未经验证的设备或技术可能会给供应链带来不必要的风险；同时为了平衡成本以及完成那些无法标准化的操作，需要熟练的工人参与，从而发挥人与机器的比较优势，创造差异化购物体验。再次，微型履约中心需要高度集成的软件系统作为支撑，该系统应与 ERP（Enterprise Resource Planning，企业的企业资源规划）系统、业务订单管理系统、配送调度系统、库存管理系统等无缝集成，以确保信息流顺畅流转、仓配协同高效进行。最后，微型履约中心应可以实现 24 小时在线及多温区管理，也就是说，为了满足消费者随时随地购物并获得商品的需求，微型履约中心需要全天候全时段在线，以使“夜猫子”人群的需求也能得到满足；同时微型履约中心可能存放有服装、快消品、电子产品、水果等多种商品，这要求微型履约中心有存储和处理不同温区产品的能力。

有研究机构认为，一个典型的微型履约中心通常配备有 1~2 个干燥通道和 1~2 个冷藏通道（干湿分离），以及 5000~8000 个周转箱、10 个双深道高位式货架、2 个人货口和 2~4 个拣选站，其中每个拣选站的拣选速度为 700~800 件 / 小时。据测算，2020—2026 年，微型履约中心将以

60% 的年均复合增长率快速成长，到 2026 年市场规模将累计达到数百亿元；零售行业将是微型履约中心的主要战场，市场份额可达 70%~80%。

供应链的全球化与本地化组合

在本部分的开头，我们先来看几组数据。

• 根据艾瑞咨询测算，中国跨境进口零售电商 2020 年的市场规模约为 2050 亿元，未来 5 年行业年均复合增长率可达 25% 左右。受访人群中约有 87% 的人每个月至少海淘一次，而且过去一年中平均每笔海淘订单金额在 500 元以上的消费者占比超过 64%。

• 海关总署的数据显示，2020 年我国跨境出口电商规模达到 1.12 万亿元，增长 40.1%；另有研究报告提示，42.8% 的中国出海企业为 15~50 人规模的初创企业。

• 中国 2020 年木浆进口量为 2064 万吨，占国内总消耗量的 72.8%；2020 年中国生铁消费量达到 8.93 亿吨，占全球总产量的 67.7%；另外据不完全统计，中国中高端传感器进口比例高达 80%，镍矿进口依赖程度也超过 80%。

…………

虽然中国经济的对外依存度[①]自 2006 年的 64.2% 的高位快速下降至 2020 年的 31.6%，但是作为全球最大的消费市场与最大的制造国，中国在消费者及企业在“买全球”“卖全球”方面的规模仍是巨大的；而随

① 对外依存度指进出口总额与同期 GDP 的比例。

着“一带一路”建设以及国内国际双循环格局的推进，企业与全球的联系与贸易在结构上虽有所变化，但关系仍会进一步加深。因此，在规划、设计供应链战略时，全球化供应链是企业必须考虑的课题。

所谓全球化供应链，是指企业以全球化视野，在全球范围内寻找质优价廉的合作作伴。全球化供应链管理则强调在全面、迅速地了解世界各地消费者需求的同时，对其进行计划、协调、操作、控制和优化，其主要目的是降低成本和增加收益。很显然，全球化供应链可以让企业获得更多供应源，更易于在供应商的比较与竞争中找到有竞争力的合作伙伴；供应链全球化也让企业更易于对接全球范围内的优质资源，使企业既可以选择全世界高质量的供应商、劳动力和产品，也可以找到国内无法提供的材料或产能。更多的采购选择意味着企业有更多的机会来削减成本，而节省下来的直接采购成本通常会高于全球化采购所增加的物流成本，进而可确保经济可行性和增加利润。同时，全球化供应链还为企业创造了扩大国际业务规模的机会。

因此，在经济全球化浪潮中，全球供应网络不断扩张，企业经营者们一直在将制造业转移到成本最低的地区，致力于建立长期而高效的供应链。以苹果公司为例，其供应商数量超过 800 家，遍布全球几十个国家或地区。但是，诸多事件对供应链的冲击暴露了国际供应链的脆弱一面，也让供应链管理者们反思供应链全球化的利弊。供应链管理者们普遍认为供应链不应过于追求成本及效率最优，而且应加强供应链弹性建设，以增强应对供应链中断的能力，尤其是当跨区域物流运输受到限制时，这种能力便更为重要。有 55% 的供应链管理者告诉高德纳，他们计划在 2~3 年内打造一条高弹性的供应链。

这种对增强供应链弹性的追求，促使许多企业考虑将其供应链转移到当地；不少跨国企业的管理层已开始着手供应链本地化布局，《2021年全球并购报告》指出，近60%的受访者表示供应链本地化的需求将成为未来评估交易的重要因素。

对美国跨国企业来说，供应链本地化可以为他们带来5个好处。

一是降低运输成本。大多数在中国或东南亚制造的产品一般是通过海运在美国西海岸登陆美国，产品被送达美国仓库之前，会经过铁路运输或公路运输。如果产品在北美生产，货车通常可以直接将其从工厂运到仓库，省去额外的运费。由于外界不利因素的影响，海运及空运的费用均在飙升，此时供应链本地化所节省的金额比以往任何时候都要多。供应链本地化可以通过降低物流成本和加快供应链响应速度，帮助企业降低产品的总成本。

二是避免关税和附加税。美国政府从2018年7月开始对中国进口产品征收关税，这或许是推动美国企业将供应链转移至不受加征关税影响地区的最大动力。

三是降低劳动力和生产成本。随着中国发展成为“世界工厂”以及中国经济的蓬勃发展，劳动力成本也越来越高。中国制造业员工的平均工资大约为每小时5~6美元，而墨西哥则为每小时3~4美元，越南更是低至每小时2~3美元，这对劳动力密集型企业有不小的吸引力。

四是缩短交付周期，增强灵活性。企业在进行供应链境外布局时，愿意牺牲灵活性以节省大量成本，但是在消费者对快速交付的需求越来越高的今天，交付周期漫长会让人难以接受，而且企业也难以灵活调整其产能以应对突发的变化。本地化供应链则因周转环节少而缩短了交付周期，进而可带来更强的灵活性，使需求规划也变得更容易。

五是具有更强的控制能力。与全球化供应链相比，本地化供应链为企业提供了更大的控制权，因为本地化供应链更容易提高透明度，使派遣员工到现场督导、核查也变得更容易操作，所以企业可以更密切地关注自己的合作伙伴，让暗箱操作变得更加困难。

虽然近几年不断出现“逆全球化”因素，供应链本地化趋势有加强的迹象，但是全球化仍是大趋势，中国与世界已经“难舍难分”。现在企业更关注供应链的多元化发展，即在全球主要市场设立平行供应链，实现在哪儿销售便在哪儿生产，使产能供给更接近消费者需求所在地，并推动多元化的全球采购，以增强供应链的多元性，降低单一来源和集中采购的风险。

据分析，目前有 3 个因素决定了跨国企业无法完全离开中国的供应链。一是中国是全球最大的消费市场，2021 年上半年，我国社会消费品零售总额已达到 21.2 万亿元，同比增长 23.0%，两年的平均增速也有 4.4%。供应链管理的最终目的是将产品顺利、如约地交付至消费者手中，供应链的布局无法忽视如此庞大又优秀的最终消费市场。二是中国拥有更加完整的工业体系，中国的一个工厂便可以处理从原材料采购到包装的所有事情。美国邓白氏的研究数据表明，《财富》1000 强企业中有 163 家企业在中国有一级供应商，另外有 938 家企业在中国拥有二级供应商，其他国家或地区难以系统化地替代中国的作用；正如麻省理工学院教授约西 · 谢菲指出的，即使企业将产能布局在中国以外的国家或地区，其生产也仍然依赖于中国的零部件和原材料，全球制造商仍然依赖中国的中间产品。三是中国拥有一大批成熟的产业工人，并且持续加强职业技能培训，仅 2020 年便已开展补贴性培训 2700 多万人次，完成企业新型学徒制培训 53.8 万人；越南、墨西哥等国家要想建立一个与中国相当的产业工人资源库，仍需数年甚至更长时间。

供应链中断的问题并不是什么新鲜事，如2010年的冰岛火山爆发、2011年的日本海啸及泰国洪水、2021年的苏伊士运河事件等均造成一定范围内的供应链中断，但均不及此次新冠疫情所造成的全球范围内持续的供应链中断那样紧张。而从目前的各种迹象来看，新冠病毒很有可能像流感病毒一样，成为长期存在、季节性暴发的“常见病毒”，从“低概率、高严重性”变成“高概率、高严重性”的持续性威胁。因此，企业在设计供应链战略时，既要考虑全球布局带来的成本优化，也要考虑本地化资源的应用，形成平行、多元的供应链体系，预留备选项，以应对可能出现的供应中断、运输受限等问题。

以美的为例，其在快速成长为国内家电龙头企业之后，很快便受到行业产能过剩，以及国内房地产发展势能减弱、人口需求红利减退等因素的限制，国内市场增长乏力。因此，美的近几年加大境外布局力度，进一步推动全球业务布局，以巩固全球化的基础与能力。截至2020年12月，美的在境外10多个国家和地区拥有18个研发中心和17个主要生产基地，境外员工约3万人，结算货币达22种。美的2020年的营业收入为2857.1亿元，其中境外市场贡献了1210.8亿元，占总营收的42.4%。美的的境外营收连续4年超过千亿元，连续5年占比超过40%。由此可见，国际市场已经成了美的的重要支柱。在全球化发展的过程中，美的同样注重境外的本地化运营，搭建全球供应协同机制，优化本地化供应链比例，前瞻性地布局全球消费者研究网络，强化对当地消费者需求的研究，推进产品全球化与区域化，同时推进境外工厂核心零部件的制造本地化，改善产品交付品质并缩短产品交付周期，优化“区域供区域”循环，增强全球制造交付能力，保障在当前逆全球化趋势下的境外经营能力。

第四节　增强生产供应端的敏捷性与柔性

柔性生产概念是美国工业工程师和发明家杰罗姆·莱梅尔森于 20 世纪 60 年代提出的，最初的设计是基于机器人的系统，焊接、铆接、输送和检查制成品，该理念在当时的美国和欧洲工厂被应用。柔性生产系统有多个由计算机控制并互连运行的工作站，可以完成从装卸、加工、组装、存储、质量测试到数据处理的端到端生产全流程；该系统可被编程设定为运行一批一组特定数量的产品，然后自动切换到另一组、另一数量的产品。

保持流程顺畅、减少浪费、加快决策速度及反应速度是柔性生产所追求的目标，以增强企业应对外部市场变化的自我调节能力。消费者需求碎片化、多元化且更替变化快，产品上新速度快，消费者越来越希望快速收到产品，因此生产制造越来越趋于小批量多批次，快速完成生产任务也成为供应链管理中的重要目标，生产供应端的敏捷性与柔性也变得越来越重要。

在大批量生产与小批量生产之间任意切换

快速响应消费者不断变化的需求，在正确的时间范围内以具有竞争力的价格交付产品，将是企业在新常态下保持竞争力的关键。要做到这一点，企业需要与消费者保持密切联系，不断调整生产流程以满足其需求，并能够在短时间内交付其所需的定制产品。大批量规模化生产具有成本低的优势，但已很难满足当今小批量、多品类、快速生产的需求；完全的定制化则成本过高，无法普遍推广，而C2M模式需要企业拥有零售基因及塑造品牌的能力，也并不适合所有企业。因此，能在大批量生产与小批量生产之间任意切换的柔性生产模式就走到了舞台中间。2021年制造业敏捷评估报告的数据显示，有63%的制造商表示不断增强响应能力是企业的优先事项，制造商比以往更强调自动化、可操作的智能化和制造敏捷性。

工业和信息化部工业互联网专项工作组在2021年1月印发的《工业互联网创新发展行动计划（2021—2023年）》中提出，鼓励企业根据用户数据分析挖掘个性化需求，打造模块化组合、大规模混合线生产等柔性生产体系，促进消费互联网与工业互联网打通，并推广需求驱动、柔性制造、供应链协同的新模式。

柔性生产系统由大型计算机控制，能打通生产的各个环节。而且计算机系统可以被轻松地编程，工作站设备可以分组组合，生产过程不再遵循一组固定的流程或步骤，过程序列可以根据需要更改，以便在制造过程中实现快速、经济的变化，从而达到最高的生产效率，同时能够快速响应市场变化，并允许对产品进行大规模定制。

柔性生产具有3个重要特点：一是灵活的制造系统可随时适应所生产商品的类型和数量的变化；二是生产基本实现自动化，降低了整体劳动力成本；三是需要技艺水平更高的产业工人以保证其顺畅运行。不过，要求高的柔性生产可以为企业带来减少浪费、减少停机时间、减少产成品库存、减少设备、增强生产灵活性、更好地控制质量、更有效地发挥机械效能等诸多好处。

而在柔性生产之上，人们又提出了敏捷生产。敏捷生产非常注重对消费者需求变化的快速响应，被认为是企业在当今快速发展的市场中构建竞争优势的一种有效方法。柔性生产与敏捷生产的重要区别在于是否已预知市场需求的变化：柔性生产是在已知需求变化内容的情况下，从一项任务迅速变化到另一项任务的能力；敏捷生产是指在未知需求变化内容的情况下，快速响应突如其来的市场变化的能力。

柔性敏捷生产如此重要，企业又如何构建该能力？在深入洞察消费者需求的基础上，以下5项措施可以帮助企业构建相关能力。

一是强化数字化与自动化建设。柔性敏捷生产需要完全连接的数字化制造流程，无论是小批量定制化生产还是大批量规模化生产，将设备、工人连接到数字中心都是实时分析生产的基本步骤。同时，企业应增加在人工智能、自主机器人、可穿戴装备、机器人流程自动化等新技术、新设备方面的投资，将一系列动态而复杂的基础设施集成到生态系统中，使用人工智能等现代技术来预测操作和维护活动，降低错误率、节省时间并释放员工的能力。在此基础上，企业可根据规则和算法动态平衡生产车间活动，实现动态的生产计划与控制；迭代优化可以在各生产线的局部进行，而不用调整整条生产线；管理层也能够基于实时数据分析及可视化呈现，提取运营KPI，增强规划的有效性，并利用历史数据和机器学习进一步增强生产能力。

二是模块化产品设计。产品线容易受到市场快速变化的影响，已发布或正在开发的产品同样不例外，这就要求企业应有随着市场需求变化而快速迭代产品的能力，对产品定义进行必要的更改，以保持竞争力。柔性敏捷是在不断迭代中实现的，企业将产品原型小批量地投入市场，根据反馈调整、优化后再投入市场，如此循环，以便在早期发现并解决问题，从而实现更快的开发并降低试错成本。在这一过程中，对产品设计进行模块化处理是一种比较好的做法。所谓模块化产品设计，是指将产品要素组合成一批具有不同特定功能的中间件，这些中间件可以根据具体需求进行多种组合，形成不同产品。各个模块间相互独立且又具有通用性，有助于实现快速生产。同时，在需要迭代优化时，企业可以只对相应的中间件进行调整，反应速度更快。

三是加大员工培训投入。团队在敏捷组织中占有重要地位，有研究表明，运行敏捷供应链的重中之重并不是有方向、资金或实现战略性收购，而是熟练使用有敏捷技术的人才。企业应加强人才的“外招内培”，重点加强关键技术培训，让生产工人对机器编程、自主机器人等有更多了解，能更顺畅地实现“人机协同”；培养一专多能型工人，使整个团队储备足够多的可用技术，以在需求变化时快速调整人手加以应对；同时开展企业文化重塑，即人力资源部门应积极与柔性敏捷制造变革的相关人员沟通，将“快与变”嵌入生产工人队伍的理念中，让团队把持续变革、快速变化视为日常工作之一。

四是业务流程再造。业务流程再造涉及对核心业务流程的重新设计，以显著提高生产率、缩短周期并保证产品质量。对企业来说，业务流程再造是一项重大的变革，管理者们应采取的 5 个主要步骤分别为：将企业价值重新聚焦于消费者需求；借助信息技术重新设计或优化核心流程；打造跨职能团队，对流程负端到端的责任；重新思考基本的组织和人员问题；改善整个组织的业务流程。其中需要强调的是，业务流程变革应改善消费者体验，有条件的话可以将内部流程与消费者购买流程联系起来，这有助于员工了解内部流程为消费者体验提供的价值；另外，打造更扁平的组织结构并消除非生产性活动，因为组织需要对消费者需求变化快速做出反应，扁平化组织有助于提高沟通效率、缩短工作流，以实现组织和员工的快速响应。

五是加强内外部协同。构建一个集成的协同平台，打通 ERP、MES（Manufacturing Execution System，制造执行系统）、CRM（Customer Relationship Management，客户关系管理）、OMS（Order Management System，订单管理系统），形成连接终端消费者、企业内部各部门、上下游合作伙伴的实时协同供应链，实时共享数据信息，形成协同合作的生态体系，缩短对可变需求的响应时间。在实施这一举措的前期，企业需要重新审查当前的供应商关系，从中甄选出有意愿、有能力配合企业开展柔性敏捷生产变革的合作伙伴；同时企业需要加强对销售点的数据收集，通过电子数据交换 、一物一码、电子商务等技术手段，缩短订单进入系统平台的时间。

实现自主协同的供应商管理

供应商管理的目的是确保组织供应商及其绩效得到适当管理，帮助组织获得供应商的优质产品和服务。其中，核心内容是与主要供应商建立更紧密、更协调的关系，以发现和实现新的价值、降低失败的风险。柔性敏捷生产变革离不开供应商的共同配合与努力，有调研数据显示，有 75% 的受访企业表示受此次新冠疫情影响最大的业务领域是原材料 / 零部件采购，因此有 55% 的受访企业表示现在正与供应商建立更加开放和协调的关系。

在供应链竞争力是企业价值源泉的时代，加强供应商间的协作是当前的首要任务之一，其主要目的在于增强企业在成本管理、流程改进和产品 / 服务创新方面的能力。同时，更紧密、更协调的供应商关系可以增强供应商合作伙伴的响应能力和灵活性，可以帮助企业减少浪费、降低成本并挖掘潜藏的效能。

协作可以取得“1+1 > 2”的效果，但良好的供应商协同关系不会自己从天而降，需要企业与供应商共同努力。目前，大多数企业认为自己在发展与优化与供应链的合作伙伴关系方面，还有很大的改进空间。因此，企业面临的问题便是如何构建一个行之有效的、自主协同的供应商管理体系。以下 5 项内容可以帮助企业管理者们思考构建路径。

一是对供应商进行战略评估。在结合环境因素与行业趋势分析的基础上，企业应对供应商的自身实力、绩效表现、创新能力、协同配合程度等维度进行综合评估，并围绕企业定位与发展目标，确定高价值的战略供应商——企业的主要资源与注意力应放在战略供应商身上。在评估过程中，企业需要注意寻找与自己价值观一致的供应商。如果供应商的价值观与企业的不一致，二者的沟通难度会加大，在合作中也容易产生问题。

二是与战略供应商建立合作联盟。合作联盟具有战略性质，是双方或多方围绕长期目标而建立的供应商关系管理方式，如沃尔玛与宝洁共同建立了长期的电子数据交换联系，共享预测和定价协议。这种供应商关系管理方式通常通过降低不确定性、改善沟通、提高忠诚度和建立共同愿景，使合作的相关利益者均能从中受益。在这种形式中，企业与供应商之间建立的是伙伴关系而不是单纯的交易关系。企业可以与联盟供应商合资建立企业，也可以参股联盟供应商，或投资联盟供应商的生产设备或资源，通过灵活应用以上 3 种方式形成合作联盟。例如，三顿半研发出“冷萃提取，智能冻干”技术，但苦于无法找到能满足技术要求的产能，因此该企业向深度合作的供应商提供资金用于购置相应的生产设备，这才有了第一批“3 秒冷水即溶”速溶咖啡的问世。

三是打造互联一致的信息数据库。未来的数智时代，应用物联网、大数据、云计算、人工智能等信息技术打造供应商管理系统云平台是大势所趋。供应商管理系统云平台为各方提供了一个互联一致的信息数据库，帮助企业实现人、机、物、信息的集成、共享、协同与优化，形成数字化采购供应链生态圈。在此基础上，企业可以通过数字化手段进行供应商的引入、沟通、合作与管控，供应商也可以自助在线上完成信息注册、供应报价、合同签署等工作，进而帮助企业实现对供应商生命周期、协同合作的自动化管理。供应商管理系统云平台主要包含4层内容：第一层是基础设施层，包括计算机服务器、网络设备、云服务器和云存储设备，这是各项功能的物理载体；第二层是云系统服务层，为系统开发提供接口和软件操作环境，并提供用户管理、访问代码、管理权限、管理记录和流量统计等系统服务功能；第三层是云计算应用服务层，即云计算应用虚拟化服务平台层，提供SaaS；第四层是前端应用载体，包含计算机、智能手机及其他智能装备，负责传输、接收和处理信息并快速响应信息。

四是为合作提供机制和流程。协同合作关系来之不易，需要企业与供应商共同维护，更需要企业设计出合理的机制和流程，以保障协同合作的顺利进行。这其中有3种机制需要我们加以重视。一是信息共享机制，供应链内部及外部企业实时共享的信息成为各级合作伙伴同步决策的重要依据，信息共享是供应商协作中不可分割的一部分，较高的信息共享透明度和信任度有助于改善协同合作关系。企业应界定哪些数据和信息可以与供应商共享，以免泄露知识产权或商业机密，并应用区块链技术降低泄密风险。二是协同产品创新机制，越来越多的企业已意识到，把原材料供应商提前引入新产品研发中，可以显著降低成本并缩短响应周期，因为由不同类型主体构成的异质型网络在提高产品创新程度方面更具有战略优势。从产品创新创意切入，供应商可以围绕新型材料、材料加工工艺等提出相应的创新措施。三是利益分配机制，要使协同合作关系得以成功维系，就应当有合适的驱动因素和促进者，而这背后便是利益分配机制。企业可以考虑与供应商共同制订成本节约计划，并按一定比例将节约的部分金额以采购订单形式返给供应商；企业也可以考虑用自身的技术力量来帮助供应商提高生产效率，进而降低所采购产品的成本或缩短交付周期。

五是实施绩效管理与持续改进。在合作过程中，供应商存在破产、逾期交货、材料短缺、性能质量有差异、产品功能缺陷等重大或潜在风险，需要企业必须及时发现并加以控制。按一定周期对供应商进行绩效评价与管理便是一种较为有效的降低风险的办法。在绩效管理中，供应商绩效记分卡是常用的管理工具，能使企业跟踪供应商的财务健康状况（破产风险、流动性、销售情况等）、运营绩效（质量、领先时间、客户服务等）、合同合规性、业务流程（缺陷预防、检查等）、价格变化和总体成本等。企业可根据绩效评价结果采取相应的行动，包括与供应商沟通、进行进一步评估、制订改进计划或寻找替代供应商。改进过程也是一个协作过程，双方的目标均在于持续改善供应链的表现。

第五节　实现分销商库存协同管理

各类电商平台在发展初期最喜欢喊的口号之一便是“去中间化”，认为中间的分销商是流通环节成本高、效率低的“原罪”，“消灭”分销商进而形成“厂商—电商平台—消费者”直达链路是流通变革的未来。但是到目前为止，线下传统分销体系在我国流通体系中仍占据主要地位，以下数据可以说明这一点。

- 在玩具行业，线下销售占比达到 67%。
- 在手机行业，线下销售占比仍达 70%。
- 在休闲食品行业，线下销售占比约为 85%。
- 在文具行业销售渠道中，线下经销模式占比约为 86%。
- 在农产品流通领域，虽然有社区团购、田头直供、订单农业等新模式，但线下分销渠道仍为主体，90% 以上的农产品零售依赖于农贸市场、商超等线下传统渠道。
- 从居民购药渠道占比情况来看，线下药店仍占据主要地位，占比达 90% 以上。

图 4-5 中的数据也显示，即使是在受线上电商影响较大的快消品行业中，电商渗透率超过 50% 的也仅有化妆品、婴儿配方奶粉、护肤品 3 个品类。

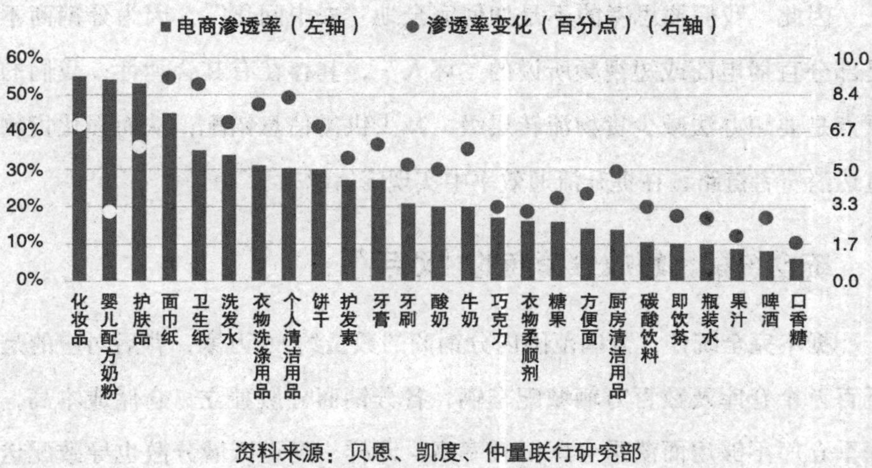

图 4-5　2018—2019 年快消品细分行业电商渗透率变化

线下分销渠道在流通环节中仍是重要的消费场景；线下实体渠道为消费者提供重要的产品体验场所，在产品展示、买卖交易、售后保障等方面仍具有不可替代性；分销商是品牌商与门店间的纽带，也起着备货铺货、垫资、客户开发与维护等重要作用，它仍是一个会长期存在的角色。

不过，分销商靠信息差、低买高卖赚取差价的简易经营模式，在数字化时代的今天，已很难保持可持续发展，甚至连生存都成问题。但问题不在分销角色，因为电商平台扮演的是“全国总代”角色，主要问题在于传统多层级分销模式增加了供需信息适配的难度与成本，流通领域高成本的背后实际是传统多层级分销模式的效率低下。比较典型的是生鲜农产品流通领域，国泰君安证券研究团队认为该领域流通效率低的，根源在于信息匹配程度低：产品越“非标”、易腐、多元化，供需信息越分散，供需信息匹配成本越高。

因此，我们要思考的不是如何完全地“去中间化”，因为分销商不是部分直播电商或短视频所说的“坏人”，其存在有其合理性；我们的重点是要想办法减少货物流转层级、减少供需信息错配，从而强化货物直达消费者链路，在提升流通效率中实现降本增效。

统仓统配，解放分销商的“双手”

据不完全统计，全国范围内分销商的数量约80万家，背后对应的是近百万个仓库及数百万辆城配车辆。各分销商分散独立，仓储成本高，旺季仓库不够用而淡季仓库闲置率高。同样，配送区域分散也导致配送成本高。近年来，部分经销商的日子并不好过，一方面他们受电商平台“去中间化”的挤压，另一方面品牌商越来越期望能直达消费者，留给传统经销商的市场空间与利润空间已不多。为了谋求出路，自2010年开始便已有人在探索统仓统配模式，其目的是对区域内的经销商仓配实行集约化、精细化管理，从效率提升中获得更多利润。

目前，行业内统仓统配业务主要有3种模式。

一是同一区域内的经销商自发联合的统仓统配。相比各家独立运作，这一模式可以形成一定的规模效应。但是由于经销商自身原来的仓配运作能力不强，其面对规模化运作常常手足无措，效率提升难以达到设想的目标；加上经销商间是一种平行关系，统一思想、统一行动的难度较大，一旦利益关系处理不好，这一结构松散的联合就会随时瓦解。因此，目前还没有可复制性比较强的典型案例，多是小区域范围内几家经销商在进行自我摸索。

二是第三方统仓统配服务模式，即由第三方仓配企业承接具体运作业务，第三方既不控货也不参与交易。比较有代表性的是山东烟台益商物流（以下简称“益商物流”）模式：其接入烟台市当地 300 多家经销商，配送服务范围覆盖当地 5000 余个零售终端，配送的货值规模超 30 亿元。各家经销商的货物由益商物流及其旗下万商购负责统一仓储、集单、分拣、装车、配送、收款，益商物流则向入驻的经销商收取平台服务费及相应的仓配费用。在该模式下，成功的关键在于取得当地经销商的信任与认可，而且第三方服务型企业不控货、不参与交易，话语权不强，所以只是处于被动响应需求的位置，难以主动推动当地经销商接受统仓统配。

三是品牌商在其分销体系内部推行统仓统配，品牌商作为核心企业，以其影响力对其分销商的仓配进行归集管理，整合分销商资源，减少仓库数量，缩短分销订单至工厂生产的链路距离，形成下线直发、直达乡镇的能力。这一模式以美的、联想、海尔、海信等为典型代表，其优势在于品牌商对旗下的分销商拥有较强的话语权，甚至可以使用行政命令强令分销商加入其统仓统配框架。这不仅不会因为变革而伤及大多数分销商的重要利益，反而能帮助大部分分销商提高效率、加快周转速度，从而实现双赢。

这里我们重点介绍美的在 T+3 模式下推行的统仓统配模式，以供参考。

2010 年，美的因营收规模破千亿元而进入“千亿俱乐部”，信心满满地提出了“再造一个美的”的大胆计划，目标是到 2015 年营收规模达到 2000 亿元。但是，就在集团上下围绕“再造一个美的”而奋力冲刺时，他们很快就遇到了原材料成本大幅上升、家电行业从卖方市场转变为买方市场等问题，赢利能力走弱，出现增收不增利的现象，因为漂亮的营收增长成绩中有很大一部分源于经销商被要求全面进货。美的高管层很快意识到这种虚假繁荣需要马上得到调整，要做更好的美的而不是更大的美的。

在2012年前后，大规模生产、大规模分销、以产定销、高库存低周转等传统经营模式，给企业带来的已不是表面上看到的“大规模+低成本”，更多的是效率低下。向经销商大面积压货，让美的难以直接、客观地了解终端市场的真实需求与交易情况，同时产生了成品仓储面积较大且产生大量库存租金、因订单交付周期长而无法快速响应市场需求等问题。为了解决以上种种问题，美的以消费者需求为导向，开启“T+3”变革，要求消费者订单自3天下单周期（T周期）开始，经过3天物料备料周期（“T+1”周期）、成品3天生产周期（“T+2”周期）、物流3天发货周期（“T+3”周期），最终完成消费者订单的交付。美的通过对4个环节的周期时长的约定，提高运转效率、减少库存占压，倒逼柔性化生产，从而更快、更好地满足终端消费者的需求。

在“T+3”模式下，美的开始依托旗下的安得智联推动分销商端的统仓统配，要求在区域仓半径200~300千米内的分销商统一入仓，统仓统配率超过90%；将经销商原本的2200个各类仓库削减至136个区域仓，仓储面积从550万多平方米下降至160万多平方米；整合代理商仓库，缩减分销层级，实现工厂到渠道网点、消费者的直配。而到2021年，安得智联计划在全国范围内铺设1500个前置仓，未来甚至会铺设3000个，将更多的货源前置至离消费者最近的地方，进一步加快流转速度，减少库存积压，并结合“送装一体”服务，强化美的品牌及产品的差异化优势。

安得智联以IT系统为基础，打通端到端流程，向计划前端及渠道后端双向延伸，借助统仓统配实现商流、物流、资金流、信息流的四流优化，助力物流从成本中心向价值中心转化。美的“T+3”模式下的统仓统配，在商流上将经销商从物流中解放出来，让其专注于业务开拓与门店服务，提升交易效率；在物流上由安得智联提供更为专业的仓干配运作，超过 40% 的产品实现“下线直发”，有助于增强订单履约能力、优化交付体验；在资金流上，由于取消了代理分销商的囤货、压货的职能，渠道商不再管理库存，在同等业务量下将减少资金占压，提高资金利用率；在信息流方面，线上线下全渠道订单信息集约化，数据更为及时、客观，产销信息更易于协同，有利于降低沟通成本。

统仓统配模式在家电行业的实践，以及给企业带来的商业价值，让安得智联自然而然地设想将这一模式扩展应用至其他行业，将美的模式创新转化为行业解决方案，在外化服务的过程中将其商业价值货币化。以下是安得智联将统仓统配服务模式迁移至食品行业的实操要点，希望企业管理者们可以从中获得一些启发。

首先是开展业务商流规划。所有运作模型均源于业务模式，离开业务模式谈运营变革是无本之木。因此，在帮助合作伙伴进行统仓统配规划之前，企业必须清晰地了解其中短期业务规划，在具体业务场景中了解其运作需求，如哪些区域是合作伙伴的重点区域，哪些是新业务将要开拓的重点区域，日常运作流量是多少，线上线下流量的占比分别是多少，对成本、时效、服务有什么要求或标准，这样才能明确统仓统配模式设计的方向与重点。

其次是搭建供应模型。在明确合作伙伴的总体需求后，企业应根据其产品属性、产品 SKU、产品批次、门店分布、车次频率、补货频率等供应链数据，为合作伙伴设计一个适合其需求的仓网整合方案。由于涉及海量数据，因此企业需要借助 Lamasoft、AnyLogic 等规划分析、仿真建模软件，进行数据交叉处理、聚合分析，并结合实地勘察、调研所得的一手信息、当地物流市场情况、当地政策要求以及安得智联的仓库资源等内容，输出较完善且较具可操作性的仓网整合方案。而这一过程会经历多轮论证演算，直至仿真模拟出既贴合实际又能满足需求的供应模型方案。

再次是配置专业团队以保障方案落地。项目经理应在食品仓储行业有丰富的实操经验，对防虫鼠害、产品批次先进先出、指定批次出库、产品卫生等细节有具体的认知。对项目团队的考核不局限于专业能力，消费者满意度也是重要的考核内容。根据合作伙伴的需求及仓网整合方案，项目团队从仓配团队搭建、人员培训考试、SKU 多维度精细分析、库区设计及规划、系统测试拉通、配送线路规划、供应商资质筛选、收货端踩点、考核 KPI 设定等工作切入，推动项目快速运作，保障项目顺利通过 3 个月的运作 KPI 爬坡期，使合作伙伴满意。

最后是模型印证与优化。在项目运作 3 个月后，项目团队会按照实际情况与合作伙伴进行关于提高仓网模型相符度的讨论，讨论内容包括但不限于仓库选点合理性、项目系统对接可行性、项目人员匹配性、库区规划合理性、配送路线划分经济性、供应商业务适应性、SKU 售卖供应模式合理性等，双方还应对发现的差距与不足进行调整、优化。例如，对大批量少批次的订单，选择改由工厂直发，无须再经过区域配送中心；赠品、试吃品等促销类产品，如不涉及客情维护，可直接从工厂以快递或专车的方式发出，以免长期占用仓库库位。

从供应商管理库存到智能自动补货

20 世纪 90 年代中期，学术界基于协同和供应链管理理论，提出了供应链协同的概念，其中包含供应商管理库存（VMI）、联合库存管理（JMI）、协同式供应链库存管理（CPFR）、自动补货系统（ARP）等一系列供应链管理理论，旨在打破供应链各参与主体的组织边界和资源壁垒，形成有机协作、互利共赢关系，实现“1+1 > 2”的供应链整体最优目标。

供应商管理库存，英文全称为 Vendor Managed Inventory，是一种供应链环境下的库存运作模式，也是一种以实际或预测的消费者需求和库存量为市场需求来预测和库存补货的解决方法。20 世纪 80 年代，宝洁与沃尔玛联手开展的婴儿纸尿裤 VMI 项目便是一个典型。宝洁开发了一套“持续补货系统”，通过电子数据交换与沃尔玛的物流与销售管理系统对接，及时了解婴儿纸尿裤在沃尔玛的销量、库存、价格等数据；而沃尔玛为每个商场设定了安全库存，一旦现有库存量低于安全库存，便会触发补货订单；宝洁接收到补货订单后，进行分拣组货并配送至对应商场。原本复杂的供应链管理过程便简化为宝洁根据系统推送的补货订单为沃尔玛配货，沃尔玛每月按实际销量及运作量与宝洁结算。在这一模式下，宝洁能了解婴儿纸尿裤在沃尔玛的真实销售及库存变化情况，数据可以直接反馈至研发和生产端并推动产品优化，按需补货也能降低滞销产生的库存成本并减少缺货导致的销售机会流失；而沃尔玛将仓库管理权交给宝洁，自己从烦琐的物流作业中解放出来，可以更专注于门店销售运营，而且每笔订单不再需要一一谈判、沟通，减少了沟通成本和运作链路的时间。

联合库存管理，英文全称为 Joint Managed Inventory，是一种在供应商管理库存模式的基础上发展起来，在供应链管理链条中集成上游和下游两个协调管理中心，上下游企业权利责任平衡且风险共担的库存管理模式，能有效解决供应链各节点企业库存相互独立而导致需求被放大的问题，是提高供应链协同程度的有效方法。联合库存管理模式强调在综合考虑内外部影响因素的基础上，供应链各参与主体同时参与、共同制订库存计划，使任何相邻节点需求的确定都是供需双方协调的结果，以保证供应链相邻节点之间的库存管理实体的需求预测水平高度一致。该模式下的库存管理不再各自为政，而是成为供需双方的纽带和协调中心。

协同式供应链库存管理，英文全称是 Collaborative Planning Forecasting and Replenishment，即供需双方协同进行产品规划、需求预测和补货。这一库存管理模式是供应链管理中高效消费者响应的进一步发展，建立在供应商管理库存和联合库存管理的最佳分级实践基础上，摒弃两者缺乏供应链集成的缺点，在降低分销商库存量的同时，增加供应商的销售量。协同式供应链库存管理的理念是通过建立共同语言、共同流程和共同指标，协调整个供应链库存的活动，更高效地将正确的库存数量转移至正确的库存位置，以满足消费者需求。在这一模式下，零售商、制造商和其他供应链合作伙伴围绕协作机制设计、联合业务计划、需求预测、订单预测、订单生成、订单履约、意外管理、绩效评估 8 项主要业务活动进行协同合作，共同提高预测准确度、提升供应链效率、减少库存占用和提升消费者满意度。有研究数据显示，实施协同式供应链库存管理后，企业库存减少了 10%~40%，销售额提升了 5%~20%。为了更好地帮助企业实现协同式供应链库存管理，美国产业共同商务标准协会（VICS）编制了协同式供应链库存管理实施指南，具体分为五大步骤。

步骤 1：评估当前状态

在开始试点之前，企业需要评估需求、价值观、战略、文化、合作伙伴关系，并学习其他成功的实践案例。这一步骤能帮助企业寻找未来在实施协同式供应链库存管理的过程中需要改进、优化的领域。在完成这一步之后，企业还需要阐明实施协同式供应链库存管理的有意义的愿景。同时，企业高管层不仅需要理解协同式供应链库存管理的概念及意义，还必须公开表示支持变革。

步骤 2：确定团队和目标

在这一步，企业应建立团队并设定初始目标。具体要求如下。

- 获得贸易伙伴的承诺。
- 招募团队成员并确定其角色。
- 确定流程中可能出现的产品及其所在仓库的位置。
- 决定测试协同 9 步流程[①]中的哪些部分。
- 建立衡量计划成功与否的 KPI。

步骤 3：准备协作

在这一步中，项目团队研究协同式供应链库存管理业务流程的细节，并确定支持该流程所需的技术和资源；销售和补货团队制订管理异常和变更的基本规则；协作技术团队安装和配置用于支持合作伙伴试点团队之间的协作的信息系统。在这一步结束时，协作就可以开始了。

步骤 4：试点执行

在这一步中，销售和补货协作团队开始相互交换预测，修改预测以响应不断变化的条件。协作技术团队获得管理场景的经验，并准备在试点完成后将该经验推广到其他仓库和项目。

步骤 5：评估绩效并确定下一步

在这一步中，团队及其管理层审查进度，向各自的组织汇报成果，

① 协同 9 步流程分别为制订前端协议、制订联合业务计划、创建销售预测、识别销售预测的例外情况、解决 / 协作解决销售预测异常项目、创建订单预测、识别订单预测中的例外情况、解决 / 协作解决订单预测异常项目、订单生成。

并为在更大范围内施行协同式供应链库存管理做好准备。建议的下一步措施如下。

- 扩展到其他协同式供应链库存管理流程。
- 在初始产品矩阵中添加更多产品。
- 提高库存信息的详细程度。
- 实现流程自动化。
- 增加贸易伙伴。
- 整合结果。对供应商而言，这意味着在生产规划、产能规划、材料需求规划以及财务规划中应用协作预测。对分销商或零售商而言，这意味着将协作预测集成到进货、销售、补货和财务规划过程中。

自动补货系统，英文全称为 Automatic Replenishment Programs，是一种由计算机、人工智能驱动，能够根据需求预测、订单预测和 SKU 库存控制策略等输入而自动做出补货决策的库存管理模式。自动补货系统可以处理高颗粒度数据，从而能够识别不同工作日、不同季节的销售变化，并预测下一周期的数据，再根据交货时间和订购频率确定下一次补货策略。自动补货系统会根据历史销量、日期、节假日、产品类型、促销活动、库存、销售终端等多种因素，以 SKU 为颗粒度对未来的销量进行预测，并重点关注缺货类产品、促销类产品、重点推广类产品及畅销类产品，根据各类产品的权重进行补货。补货是供应链管理中的重要一环，企业应关注其效率和质量，以达到不积压也不断货的目的。而过去的研究表明，零售门店的缺货率通常很高，稳定在 7%~8%，并会带来平均 4% 的销售额损失。北京物美零售应用多点 Dmall 自动补货系统，其试点门店的缺货率由 7% 下降至 2% 以下，库存周转天数由最高 35 天降至 21 天以内，并释放了 50% 的门店后仓空间。京东研发智能预测补调系统，对分布于全国的一千多个仓库中的数百万个 SKU 进行智能化、自动化的销量预测、智能补货、智能调拨、智能清滞，使自动补货产品占总采购量的一半以上，调拨自动化率超过 95%，并将库存周转天数降至 31.2 天。依托人工智能对需求的准确预测，自动补货可帮助企业降低库存水平、增强备货准确性、削弱牛鞭效应。

供应链协作本身并不是新鲜事物，只是如今它更显重要。有报告指出，65% 的采购从业者表示，他们所在的企业正与供应商加强合作。从供应商管理库存、联合库存管理、协同式供应链库存管理到自动补货系统，我们的讨论一直围绕着供应链库存的协同管理问题。供应链库存的协同管理既不是花哨的术语，也不是简单的 IT 系统对接，而是供需双方以降低库存成本、改善服务体验或提高供应链绩效为方向而做出的共同努力。良好的供应链库存协同，一来可以帮助企业不断增强快速响应消费者需求变化的能力，二来可以降低供应链参与主体间的交易成本，增强供应链整体的比较成本优势，三来可以强化供应链参与主体间的分工，促进各方发挥比较优势进行供应链协同，从而实现效率最大化。

第六节　建立全渠道快速履约的物流服务体系

随着互联网、电子商务、智能手机的普及，以及快递配送物流服务的完善，消费者购买行业正在发生巨大的变化。由于产品变得便宜且供应充足，消费者搜索、对比、购买产品及退货等变得简单、便捷，越来越多的消费者转向了线上消费；新冠疫情让许多消费者减少外出，降低了线下消费频次，这加速了向线上渠道转移的进程。麦肯锡在新冠疫情期间的调查数据显示，在疫情高峰阶段，我国食品及日用百货的线上渗透率提高了15%~20%；《2020—2021年中国外卖行业发展研究报告》也指出，在2020年，我国在线外卖用户规模同比增长了7.8%，在线外卖市场规模同比增长了15%。

之前对线上渠道并不重视的名创优品，在疫情的影响下也开始了转变。由于名创优品创始人对线上电商并不感兴趣，其线上销售渠道此前一直发展较慢。因此，名创优品在此次新冠疫情中深受打击，2020年上半年在国内的同店销售额下降了32.6%。为改变此状况，名创优品启动“新社群营销”，开始积极拥抱电商，推出“名创优品员工内购”社交电商平台，同时借助微信生态的营销环境，致力于经营好拥有几千万名粉丝的微信公众号私域流量；并与饿了么、美团、京东到家等平台合作推出“无接触配送”服务，与顺丰合作推出“同城急送”服务，做好线上线下的协同、联动。为进一步满足消费者在疫情期间出现的新需求，青岛啤酒在公司的统一规划下搭建起小程序，借助其遍布全国300多座城市的分销网络，推出“无接触配送”服务，消费者只需通过电话或在线上下单，即可在家坐等产品配送上门。

此次新冠疫情凸显了线上渠道的商业价值及重要性。线上化消费再度崛起，并成为新消费的基础价值轴心。无论是世界500强企业还是初创的中小型企业，线上渠道已成为企业经营的“必选项”。而对已拥有线下实体渠道的企业而言，其还需进一步思考“全渠道”协同发展及最后一公里履约交付的问题，因为消费者无论是从网上电商平台还是线下实体门店购买产品，都希望有快速、方便的产品交付体验。几年前，“全渠道”更多的还是营销人口中的新名词，而现在，“全渠道”成为企业管理者们的常用语。有人甚至认为，实施全渠道战略是零售企业未来10年生存和发展的重要保障措施。京东“6 · 18”消费趋势显示，连接线上与线下全场景的“全渠道”加速向全地域、全客群、全品类的方向延伸，并被很多企业，尤其是零售企业视为重点发展方向。

然而，根据普华永道的一项研究，在实施全渠道战略的企业中，目前仅有16%的企业能够在满足全渠道需求的同时从中赢利。因为对传统零售企业而言，全渠道的履约交付比以前更为复杂，每家企业都需要根据自身业务性质和消费群体需求来制订解决方案；全渠道的履约交付的要求也更高，零售企业需要一个集成的履约系统，综合中心仓、区域仓、前置仓、门店、自提点、配送运力等资源，快速并准确地完成每个订单的履约交付。

全渠道里的门店

电子商务的发展的确“抢”了原有线下门店的生意，传统零售门店，尤其是夫妻店，其数量在快速减少，赢利也越来越困难。但是，门店是全渠道市场触点的重要一角，其距离消费者非常近，在消费者临时急需产品时能很好地满足消费者需求。同时，门店作为实体存在，使消费者能够直接看到、触摸到或品尝到产品，并为消费者带来线上渠道无法提供的体验和任何便利都无法取代的信任感和满足感。而且，门店也能创造新的收入。有统计数据显示，在网购后到店内取货或在店内换货时，消费者往往会购买额外的东西。此外，门店还会增加消费者对企业电商店铺的访问次数。因此，门店作为一个重要渠道，不会从企业的销售体系中消失。我们也看到，在线上流量红利消退、线上获客成本越来越高的今天，阿里巴巴、京东、亚马逊等电商平台巨头也在布局线下实体渠道，丰富渠道体系，增加流量入口，并给消费者带来更好的场景体验。

因此，企业需要思考的是门店应如何应用电子商务、物联网、人工智能、AR、POS 机、RFID、扫码器、智能货架等技术和设备，武装、升级自己，打破与线上资源间的边界与壁垒，实现线上线下优势互补，进而为消费者提供更优质的购物服务。

新的渠道变革、新的需求变化、新的技术应用，让门店有了新面貌。那么，未来的门店会是什么样的呢？或者说，企业应该构建什么样的门店才符合消费者需求的变化趋势呢？

第一，未来门店的面积比今天的小得多。门店更多的是用于满足消费者临时性、冲动性的消费需求，而且门店可以将大部分产品放在线上渠道，店内不需要备置过多品类；同时，大数据下更精准的需求预测可帮助门店挑选出更适合其销售半径范围内消费者需要的高频产品，这也可以帮助门店减少产品品类，进而使门店不需要太大的销售面积。

第二，未来的门店将打通线上线下流量。智能手机、POS 机、移动支付、条码读写器、电子标签、电商小程序等技术或设备是未来门店的标准配置，门店依靠这些技术或设备可以轻松地打破线上线下边界、互导互引流量。

第三，未来门店的自助化程度更高。智能货架、自助结账机、非接触式支付、机器人店员等的应用，将让自选、自助成为未来门店的常态。门店所需店员数量大幅减少，消费者也节省了排队结账的时间。

第四，未来门店更讲求体验式消费。有的门店可能会布置得更有家庭、邻里的感觉，让消费者在场景体验中完成消费；有的门店可能会应用虚拟试衣镜、3D 打印、人工智能等新技术，让消费者的购物过程更具互动性、独特性。简单来讲，未来门店会让消费者拥有更好的购物体验。

第五，未来门店将扮演前置履约站点的角色。系统接收线上消费者订单，根据收货地址将订单推送至最近的门店，店员分拣打包后，通过系统生成配送订单，配送需求同样由系统传递给合作的快递或即时配送企业，由后者完成最后一公里的配送工作。在这种模式下，更多订单可以实现当日达。产品与消费者的距离近了，周转次数变少了，总体履约费用降低，消费者也能更快地收到产品，拥有更好的购物体验。

未来已来，新型门店正向我们走来，给传统的实体渠道注入新鲜的血液，门店不会消失。门店将继续在全渠道战略中扮演重要角色。这里我们拓展讨论另一个话题，企业后端供应链如何跟上不断扩张的门店？下面以奈雪的茶为例进行分析。

2021 年除夕，奈雪的茶提交了聆讯材料，开启 IPO，成为新茶饮领域的第一股。招股书显示，奈雪的茶 2018 年、2019 年及 2020 年前 9 个月的营收分别为 10.9 亿元、25.0 亿元及 21.1 亿元，同比增速分别为 130.2% 和 20.8%。不过，大店模式及快速扩张，导致奈雪的茶门店经营成本高。在各项成本中，占比最高的 3 项分别为原材料成本、员工成本及门店租金成本。招股书显示，2018年度、2019年度与2020年前9个月，原材料成本的占比分别为35.3%、36.6%、38.4%，员工成本的占比分别为31.3%、30.0%、28.6%，门店租金成本的占比分别为17.8%、15.6%、15.2%。因此，快速增长的奈雪的茶长期处于"赔本赚吆喝"或微利的状态。

茶饮行业有进入门槛低但产品同质化严重的特征。面对产品快速迭代且同质化严重的局面，后端供应链便成为各龙头茶饮企业能否保持盈利可持续增长的关键，因此奈雪的茶非常注重供应链建设。

在采购方面，奈雪的茶采购的主要原材料为茶叶、新鲜水果、新鲜乳制品、鲜榨果汁、包装材料及低值消耗品（如茶杯及纸袋），由公司总部的采购团队进行集中式统一采购。奈雪的茶直接从知名第三方茶园采购茶叶，如通过独家授权代理获得阿里山初露的稳定供应，茶叶的保质期一般约为18个月；直接与当地果农合作，以保证水果的鲜度，同时也进口智利车厘子、秘鲁青提及以色列西柚等水果；由供应商提供乳制品，频次为每2~3天配送一次；与果汁厂直接合作，按需提单，将水果加工为所需的果汁，鲜榨果汁的保质期通常为9~12个月。奈雪的茶通过与供应商直接合作、集中统一采购、每半个月与供应商磋商一次价格等举措，降低了采购成本，目前已与超过300家知名原材料供应商开展了合作。

在物流方面，奈雪的茶目前已与30多家物流企业建立了合作关系，所选择的合作伙伴均具有冷链物流能力，并配备有自动热控设备与GPS设备，以便有效地监控每辆运输车的温湿度、位置等情况，降低出现交付异常的风险。同时，奈雪的茶拥有一支由6辆车组成的内部物流团队，负责在深圳市内送货；使用中的仓库有8个，深圳仓为自己管理，其他仓库则委托第三方物流运营。一般情况下，具有较长保质期的原材料会先被运送至区域仓，而后再按需调配至门店，而保质期短的原材料则会直接配送至门店。

物流费用主要包含配送费与物流仓储费两大部分。配送费指支付给外卖配送服务提供商的费用，奈雪的茶2019年及2020年前9个月的配送费分别为0.64亿元、1.17亿元，分别占同期总营收的2.6%和5.5%，配送费及其占比的快速增长，主要是线上订单激增的缘故。而物流仓储费指就原材料运输及仓储服务向第三方服务供应商支付的费用，奈雪的茶2019年及2020年前9个月的物流仓储费分别为3990万元、3960万元，分别约占同期总营收的1.6%、1.9%，基本上保持稳定。

在系统方面，奈雪的茶持续推进数字化应用，提升供应链效率。奈雪的茶自研供应链系统，运用数据将自建的果园、茶园、花园和门店、仓库、物流、配送等连接起来，实现门店、仓库库存管理一体化基础上的自动订货、自动耗料，以及从供应商到仓、运、配、生产等全环节的数字化，从而增加利润空间。

面对竞争日益白热化的新茶饮市场以及快速推陈出新的产品，加之门店快速扩张带来的经营压力，奈雪的茶清楚自己需要一张成本更低、敏捷度更高的供应链网络。奈雪的茶已将加强供应链建设列为五大增长策略之一，未来将通过以下3个方面继续发力。

一是拓展线上零售渠道，与各类电商、短视频及直播平台等新零售渠道开展合作，并开展相应的营销推广活动，以增加产品销量及市场份额。

二是发展PRO店，增加预制品供应，提升产品标准化程度。为此，奈雪的茶将新建5个“中央厨房”用于保障供应。

三是继续推进数字化应用，通过数据驱动供应链效率的提升，进一步增强 C2M 能力，深入洞察消费者需求并将其直接反馈至新品研发、物料采购端。

奈雪的茶公关总监曾表示，鉴于供应链对新茶饮行业的重要性，奈雪的茶未来将巩固和深化供应链建设，以达到从源头保持产品独特性、提升消费者品牌好感度、增强消费黏性的目的。

全渠道“一盘货”管理

我们正生活在一个由全渠道商业模式驱动的世界里，越来越多的企业开始实施全渠道战略；消费者可以在网上购物后在家坐等产品配送上门，可以线上购买线下自提，可以线下体验线上下单，网购了不满意的产品也可以直接到门店中退换货，……

随着消费者行为的变化，零售商也在发生改变，电商网店、小程序、短视频、直播间、实体门店、带有二维码的广告牌、自动售货机、无人售货车等均是企业的销售渠道。但是，有一件事始终是不变的：库存是这一切的核心，有效的库存管理对全渠道战略的成功至关重要。在传统模式下，商家往往在不同渠道、不同电商平台各自备货，从而很容易出现一个渠道售罄而另一个渠道又存货过多，且无法及时调货的情况，导致“高脱销”和“高库存”现象并存。如今，消费场景边界、线上线下边界均已变得模糊。从消费者体验的角度来看，按不同渠道进行备货与库存管理变得没有必要，甚至可以说是一种浪费。全渠道战略需要“一盘货”管理模式与之匹配，以发挥出其减少装卸转运次数、提升货物周转效率、优化消费者购物体验的优势。全渠道“一盘货”模式统一管理企业所有渠道的库存，由于仓储配送端只有一个接口，订单可以实现跨渠道流转与管理，消费者可以在一个渠道下单，在另一个渠道收货，不满意时还可以在第三个渠道实现退换货。对于消费者而言，这种模式让事情变得简单了很多——只需选择离自己最近或自己认为最为便利的渠道。

不过，经营全渠既不便宜也不容易，如果不周全规划，零售商将面临利润水平下降的风险。在实施全渠道库存管理时，企业需要注重效率，以确保低成本、快速、准确地履约交付，从而帮助全渠道战略赢利。

全渠道“一盘货”管理的必要性与重要性我们已然知晓，那么企业如何实现全渠道“一盘货”管理呢？以下 6 点提示可供参考。

第一，企业需要增强全渠道库存的整体可见性。增强全渠道实时库存可见性是改善全渠道体验的最有效的方法之一，没有实时的全渠道库存数据，企业就无法及时了解整体库存情况，跨渠道调拨与履约便很难完成，而这一点也是成功实施全渠道战略的重要挑战。全球管理咨询公司 Kurt Salmon 的数据显示，传统零售商店的库存准确性为 50%~80%。除了预售商品，企业无法销售仓库中没有的商品，仓库也交付不出货架上不存在的商品。实时库存不具有可见性，企业便难以在短时间内清楚地了解商品分布于哪些仓库，每个仓库中又有多少件这类商品，跨渠道履约也就无从谈起。要解决这个问题，企业需要有一个集中式的库存管理系统（对应的是一个集中式的、易于访问的实时数据库），打通不同销售渠道的库存数据，提供单一的数据视图。这个集中式的库存管理系统所要承担的主要职责是准确统计实时库存，降低缺货率或减少库存积压，保持最优的库存水平；准确将订单派给最合适的仓库，缩短商品与消费者的距离，更快地处理订单，更快地将商品交付给消费者，减少配送费用；帮助企业提高需求预测准确度，进一步减少库存资金占用。当然了，增强实时库存可见性，企业还需要对 RFID、扫描枪、物联网感应器及其他自动化技术进行综合应用。

第二，企业需要提高仓库管理的自动化程度。全渠道履约突出一个“快”字，尽管仓库自动化对满足消费者需求至关重要，但目前仍有许多物流公司的仓库以人工操作为主。考虑到电子商务中数量众多的 SKU 和不断增加的触点，自动化变得愈加重要。自动化技术各不相同，包含机械臂、悬挂链、AGV（自动制导车辆）、AMR（自动移动机器人）、自动分拣线、语音挑选和任务处理等，企业在应用时需要在空间效率和劳动力需求之间进行权衡。当然，选择何种技术将取决于合同物流公司正在服务的产品类型，其规模、易碎程度和存储需求都是影响因素。合同物流参与者可以考虑与自动化供应商合作，根据客户群、地理位置以及战略业务决策来开发定制方案，提升灵活度，以满足 B 端客户与 C 端客户的不同需求。除了库内具体操作，自动化程度还体现在业务流程的自动化方面，要求企业加大 IT 系统方面的投入，将库存管理系统与 ERP、OMS、TMS（Transportation Management System，运输管理系统）、DMS、CRM 等系统打通，打造一个主动式的库存系统，实现自动汇总订单、自动集单分单、自动转化指令、自动预警等功能，减少人工干预。

第三，企业需要整合 B/C 端库存。全渠道履约交付离不开 B、C 两端库存的整合，如果 B2B 和 B2C 在不同的库存管理系统下运行，全面、实时地查看所有销售渠道库存就会变得困难。不过，整合 B/C 端库存也是成功实施全渠道战略的难点之一，因为 B2B 与 B2C 的库存管理和履约交付存在许多差异。B2C 订单直接面对的是终端消费者，涉及的条约或规划较少，产品及数据以 SKU 为单位，分拣时拆零比例高，但对快速交货有更高的要求，且订单量波动较大；而 B2B 订单，可能涉及的交付要求较多，对履约费用更为敏感，不过货量较大且较为稳定，分拣通常以箱或托盘为单位。目前来看，比较流行的做法有两种：一是将B2B和B2C的货物合并到同一个实体仓库中，跨渠道共享库存，但是使用不同的通道空间和不同的自动化解决方案来满足B2B和B2C不同的履约需求；二是在供应链中台的支持下，在系统中形成虚拟的“一盘货”管理，再根据销售预测与实际订单数据，统一调配从工厂或中心仓发出的货物，使其流向不同层级的仓库。以京东零售为例，京东会基于“一盘货”的逻辑，将货物整合为C货和B货两大类，C端的货物直接进品类仓，再通过分拣中心配送站送至消费者手中，而B端的货物先送至以城市为单位的B仓，再用车辆运送至经销小店、商超等B端客户处。

第四，企业需要将门店改造为云仓网点。消费者期望企业能随时随地送货交付，越来越不想要严格的交货时间和选项，同时对当日达、半小时达的需求越来越强烈，这导致留给企业配送交付商品的时间越来越短。良好的“最后一公里”体验可以帮助企业吸引并留住消费者。有研究数据显示，有55%的消费者表示，如果企业的竞争对手提供更好的履约服务，他们将转向该竞争对手。但是最后一公里履约费用高，如每日优鲜、叮咚买菜的末端履约费率在15%左右，企业要想满足消费者的这一需求，需要围绕消费者体验，平衡供应链的成本、效率与服务，找到合适的切入点，调整、优化最后一公里履约服务。企业可以利用门店、前置仓、智能自提柜、无人配送车、无人机等多种终端站点或设备进行最后一公里的交付，并将这些物流网络中的物理网点数字化、线上化，形成末端云仓网点，着力优化末端配送。而这其中最为值得推荐的是门店终端云仓化。前文已谈到，门店仍然是销售体系的重要组成部分，利用门店开展最后一公里履约，不需要新建站点，不会给企业带来过多的额外成本。而且有数据显示，当日达服务中，以门店为起点的最后一公里送货成本要比以区域仓为起点的送货成本低16%，因此有越来越多的企业将门店改造为配送中心或配送起点。例如，安踏体育在2020财年启动DTC模式转型，允许直营零售店以更大的协同效应直接利用物流中心进行补单和重新分配库存；而百果园推进线上线下一体化门店，打造更多一体化门店，以门店为核心贯通线上线下全渠道，其到家业务便是以门店作为前置仓，门店在接收系统分派的订单后，由店员或第三方即时配送运力负责送货上门。

第五，企业需要优化退换货服务体验。艾媒咨询的数据显示，在商品无法退换时，45.6%的消费者会选择不再购买该品牌的商品；44.8%的消费者会选择通过网络投诉平台投诉该品牌；其中，38.1%的消费者会在社交平台进行曝光。退换货会给企业带来额外成本，任何企业都不希望有退换货，但是零退换货不现实。企业需要做的是为消费者提供一个简便的退换货流程，优化退换货服务体验，这有助于吸引消费者和促进复购。首先，设定明确的退换货规则与政策，让退换货有"法"可依；退换货的路径也要清晰且互通，即线上订单可以在线下退换货，线下订单也可以直接寄回退货。其次，接入支付宝芝麻信用、微信支付分等消费者信用体系，或根据消费者会员等级，提供相应的退货即退款服务。再次，鼓励消费者到店内退换货，这样既可免去退换货产生的快递费，还可以让消费者在店中停留，增加销售机会。如今，已有企业瞄准退换货服务市场。例如，中国邮政与菜鸟裹裹等电商退换货平台对接，大力推进"线下扫码寄"模式，计划做大退换货项目；PayPal也对以优化消费者在实体店的退货流程而闻名的Happy Returns发起收购，希望能解决退货这一商业痛点，以提升企业的业绩。

第六，企业需要增强应对订单波动的能力。电商促销活动往往会带来脉冲式的订单激增，产生多个订单高峰。面对暴增的订单，如何保障商品库存充足、物流高效流转是一件让人头痛的事情。首先，企业需要有充足又灵活的仓储运力资源来应对订单的波峰、波谷，这需要企业与第三方物流企业签订更为灵活的协议，以保障物流资源的有效采购与调配。其次，企业应加快全链路数字化升级，基于大数据算法分析提升销售预测准确度，结合历史数据、活动规划、季节因素、购买因素等，提前做好热卖商品的分仓备货工作。最后，企业应加强对物流新技术、新设备的应用，提高运作效率，做好仓配的无缝协同对接。例如，达达集团自 2018 年开始上线“达芬奇”智能运力调控系统，并于 2019 年升级人工智能算法预合单功能，实现了订单的“边拣边合”：系统接收到消费者订单后便自动启动合并订单逻辑，根据收货地、配送距离、运费、骑士接单情况进行综合判断，将“顺路”订单进行合并，统一下发到商家门店进行拣货，拣货完成后再下发骑士一起配送。通过对系统的优化，整体效率得到大幅提升，骑士配送里程平均缩短 30% 以上。

第七节　重视风险管理并增强供应链复原力

供应链风险是指供应链中可能对企业造成损害的未知问题或潜在风险，包含风险发生的可能性以及风险发生后对企业造成的损害程度两个方面。供应链风险管理是识别、评估和降低供应链风险的过程，做好供应链风险管理可以帮助企业降低相关成本、最大限度地减少供应链中断情况、优化消费者体验和增加企业利润。完全杜绝风险显然不现实，不过我们可以主动采取一些措施，降低风险发生的可能性，减小供应链中断产生的负面影响。

企业经营者们既要在全渠道时代保持供应链的一致性，以便为消费者提供一致的购物体验；同时也需要在 VUCA① 时代保持供应链的稳定性，保持业务的连续性，因为搭建不间断供应链网络对企业在竞争激烈的商业时代中取得成功至关重要。供应链管理者们一直在寻求降低供应链风险、增强供应链复原力的方法，新冠疫情更是让他们意识到这项任务的紧迫性。在 2020 年年初，有 75% 的企业因新冠疫情经历了供应链中断；在整个 2020 年，企业对供应商风险的评估与调查需求同比增加了 167%——新冠疫情迫使企业重新评估其供应链和供应商。鉴于弹性供应链的重要性日益增强，美国在 2021 年对与国家安全、公共安全和企业经营关系密切的重点产品供应链开展了为期 100 天的审查，并发布了《建立弹性供应链，振兴美国制造业，促进

①VUCA 是 Volatility（易变性）、Uncertainty（不确定性）、Complexity（复杂性）、Ambiguity（模糊性）的首字母的组合。

基础广泛增长：第 14017 号行政命令下的百日审查》报告。越来越多的企业也意识到供应链的成功不仅在于实现最低成本与最快速度，保持供应链不中断以及建立能从打击中快速恢复的弹性，对供应链当下及未来的发展同样非常重要。因为我们面对的不仅有流行性疫情，还有贸易摩擦、极端气候、自然灾害、网络攻击等多种可能造成供应链中断的风险因素。

防不胜防的供应链波动与中断

过去，供应链管理者们最主要的工作是降低供应链成本，我们经常看到企业要求原材料供应商、物流服务商的报价每年应递减 5%~10%。而近年来，已经有企业开始转变，一方面通过整合供应商、降低库存水平等措施来降低单位成本，而不是简单地压低合作伙伴的报价；另一方面加强与合作伙伴的协作，共同增强供应链弹性与提升效率。

近年来，造成供应链中断的风险事件数量不断增长，每一次供应链中断对企业来说都很麻烦。事实上，只有不到 6% 的企业表示，他们在过去两年中没有受到供应链中断的影响。

新冠疫情给全球供应链带来了前所未有的压力，凸显了供应链中断风险这一问题，企业需要同时应对需求不确定、原材料供应延迟或短缺、运力资源不足等诸多问题。如何在不牺牲成本效益的前提下增强供应链弹性，成为 2019 年之后供应链管理者们思考最多的问题。企业供应链管理正面临前所未有的挑战，因为企业需要时刻准备应对防不胜防的供应链波动与中断。供应链中断风险的主要来源有以下 3 个。

- **或将长期存在的新冠疫情**

2003 年的非典疫情、2004 年的印度尼西亚海啸、2011 年的日本大地震等事件，在当时也造成了部分供应链中断，但是生产在不久后很快恢复。与这些事件相比，此次新冠疫情不仅影响范围涉及全球，而且持续时间难以估计。顶尖学术期刊《自然》中有一文章指出，随着免疫力的逐渐下降，以及病毒自身产生的突变，新冠疫情可能会在世界不同地区造成持久影响，甚至出现季节性的区域暴发。如果监控能力不足，或应对不够充分，新冠疫情依旧有在全球大暴发的可能。

在此次新冠疫情初期，我们已看到它带来的需求减少、供应中断、运力短缺、航运及空运价格飙升等问题。如果新冠病毒与人类社会长期共存，我们需要对供应链做哪些调整与优化，才能适应这种供需异常的状况？除了强调风险管理、强化数字化升级、提升供应链透明度，我们还有哪些可以有效应对的举措？这需要行业同仁们共同探讨。

- **频繁发生的极端气候灾害**

可与新冠疫情匹敌的，是全球气候变暖。世界气象组织在《2020 年全球气候状况》中指出，2020 年是有记录以来最温暖的 3 个年份之一，全球平均气温较工业化前上升了 1.2℃左右；海洋也在持续变暖，并不断吸收温室气体捕获的热量，2020 年有超过 80% 的海域至少经历了一次海洋热浪。数据显示，2011—2020 年是有记录以来地球最温暖的 10 年。

全球气候变暖导致了极端气候灾害频繁发生。近一两年来，高温和干旱让美洲地区苦不堪言。2020 年 8 月 16 日，加利福尼亚死亡谷的气温达到近 80 年来全球的最高值——54.4℃；在加勒比地区，2020 年 4 月和 9 月分别发生了大型热浪事件。与此同时，地球另一端的非洲、亚洲，则出现大范围的强降水，并在一些地区引发了洪涝灾害，在萨赫勒和非洲之角大部分地区则触发了沙漠蝗灾。

全球气温升高不仅使极端气候灾害变得更加频繁，也使其危害变得更加严重，给全球供应链造成更大的破坏。灾害的发生既会增加供应链中断的可能性，也会导致物流受阻，而且灾后重建需要时间，加上劳动力、能源或物流价格的短期波动，产品成本和价格上涨，市场节奏被扰乱。有数据显示，有 40%~60% 的小企业在灾害中倒闭且再未恢复，而每个“关门”的供应商都可能造成其客户的供应链中断。

有研究指出，只有实现温室气体净零排放，才能阻止全球进一步变暖。至少在 2030 年之前，全球变暖的趋势仍会继续。而随着全球平均气温的上升，极端气候灾害仍会加剧。根据联合国发展计划署的最新研究，到 2030 年，仅气候变化对工作场所造成的破坏，会给美国生产带来超过 2 万亿美元的损失。

- **猖狂的供应链网络攻击**

2013 年，美国零售商 Target 的 POS 系统遭到大规模供应链网络攻击，攻击目标是 1800 家门店中的大约 4000 万条银行卡信息；2017 年，NotPetya 勒索病毒入侵了企业、医院、学校和政府等众多机构，使全球数千个组织瘫痪；2020 年，黑客入侵了太阳风公司一款名为猎户座的软件产品，该产品嵌在众多政府机构和《财富》500 强企业的软件供应链中，使得黑客可以随意访问敏感数据；2021 年，勒索软件攻击了美国石油公司，扰乱了美国东部的天然气供应秩序，并抬高了天然气价格；同在 2021 年，全球最大的肉类生产商 JBS S.A. 同样遭受了勒索软件攻击，使美国、加拿大和澳大利亚的牛肉生产秩序被扰乱……

这些仅是众多供应链网络攻击事件中的典型案例。欧洲网络与信息安全局（ENISA）在一份报告中称，针对供应链的网络攻击事件数量正在上升，且没有停止的迹象，与2020年相比，2021年网络安全事件数量预计将增加4倍。另有研究报告指出，仅在2021年第一季度，美国供应链网络攻击事件便增加了42%，有137家机构受到了不同来源的供应链网络攻击，影响范围多达700万人。网络不法分子完全有能力利用供应链安全中的漏洞，给企业造成重大损失。

随着供应链的数字化与互联互通，供应商产品和服务中的漏洞成为网络不法分子的重点攻击对象。数据显示，66%的供应链网络攻击以供应商系统代码为攻击目标。但是英国2021年的一项调查发现，只有12%的企业审查了来自直接供应商的网络风险。企业对供应链网络攻击的重视程度仍然不足，其主要障碍在于供应商风险识别度低、供应链的可见性有限、专业知识不足以及工具不足，这需要供应链管理者们在未来的工作中克服。

严防供应链网络攻击

供应链网络攻击是网络不法分子利用供应链中的漏洞，入侵企业的计算机网络的行为。供应链网络攻击通常不会直接攻击链主企业的网络系统，而是寻找供应链中防守脆弱的第三方供应商的漏洞。由于供应商需要访问敏感数据才能与链主企业的内部系统集成，因此网络不法分子可以通过第三方供应商的系统接口，入侵链主企业的数据库并对其造成破坏。数据显示，平均每家中小型企业至少有3家供应商可以连接到其计算机系统，大型企业就更不用说了。由于供应商数量多，供应链网络攻击又可能发生在供应链的任何环节，形成供应链网络攻击的恶意文件不仅隐藏在链主系统之外，而且隐藏在供应链的脆弱环节中，因此难以检测，防御难度也相当大，这给企业供应链安全保障工作带来了巨大的挑战。

困难大并不意味着我们只能坐以待毙或消极对待，相反我们更应加大关注与投入，从以下 4 个方面积极主动地做好应对，尽量降低与供应链网络攻击相关的风险。

一是做好数据备份并释放烟幕弹。例如，美国银行业在 2017 年推出了一个应对“末日网络攻击”的计划，要求参与计划的银行遵循一定的数据格式要求，建造备份保管库，以便在某家银行因遭受攻击而陷入网络瘫痪时，其他银行可以使用备份数据继续为其客户提供服务。在备份数据的同时，企业可以在系统中设置一套诱饵资源，用于冒充敏感数据，当网络不法分子误以为诱饵资源是有价值的资产并试图连接时，便会触发警报，从而使企业发现供应链网络攻击的动作和企图。

二是完善系统的信任机制。企业可应用区块链技术来应对供应链网络攻击。区块链的不可逆加密算法让攻击者很难破解，分布式账目不依赖于某个节点，单个节点数据的错误变动会受到其他节点的反击，这使网络攻击者很难锁定目标，从而让恶意攻击行为几乎难以得手。同时，企业可实施零信任架构，假定所有网络活动在默认情况下都是恶意的，每个连接请求只有通过系统规划审批后才允许访问；重点监控高访问权限的账号，减少其对底层数据库及敏感数据的访问。

三是定期评估第三方供应商风险。第三方供应商可能安全意识不足或安全防护技术较落后，仅靠自身难以较好地发现和应对风险。因此，链主企业需要发挥技术优势，定期扫描、评估第三方供应商风险，及时披露每个供应商的安全态势，识别潜在威胁、脆弱资源以及任何需要修复的漏洞。有数据显示，如果一家企业能够对所有供应商的安全风险进行评估，网络攻击事件发生的可能性将会从 66% 降至 46%。因此，对于供应商的审计与考核，除了依据财务指标、业务指标，还应考虑网络风险防护维度的指标。

四是增强员工的安全意识及加强技能培训。企业员工也容易成为恶意代码注入网络的跳板，最常见的欺骗形式是诈骗电子邮件（或网络钓鱼攻击）。一封可能来自同事或合作伙伴的日常邮件，当被点击打开后，其中包含的恶意代码便被激活，随着企业员工的其他操作进入计算机系统中并盗取数据。因此，企业需要加强对员工的技能培训，让其了解网络钓鱼攻击、DDoS 攻击①、勒索软件攻击、恶意软件攻击、点击劫持攻击等常见攻击方式，增强防范意识，并学习应对方法，掌握规避网络欺骗行为的必要技能。

增强供应链复原力

供应链中断比以往任何时候都更频繁，企业为之付出的代价也更大。GEP 的一项研究估计，新冠疫情带来的供应链中断，将造成超过 4 万亿美元的损失；而且在品牌、声誉和客户感知等方面也产生了负面影响，超过 4/5（83%）的受访者表示，供应链中断给他们的企业造成了声誉损害，甚至让他们的企业失去了客户的信任、错失了商业机会。

大规模和不可预测的冲击严重影响了供应链的稳定性与可靠性，暴露了企业以前忽略的供应链的脆弱性与复原力。凯捷研究院的报告指出，高达 55% 的企业花了 3~6 个月才从供应链中断中恢复过来，还有 13% 的企业需要花费 6~12 个月来恢复中断的供应链。虽然企业努力应对供应链中断，力求将运营恢复至中断前的稳定状态，但是以上数据表明，当今许多企业的供应链缺乏弹性，复原能力不足。

供应链风险事件呈现出多样化与连续性的特点，而且供应链一旦中断将给企业带来较大的损失，因此供应链复原力正成为企业管理者们的

①DDoS 攻击的英文全称是 Distributed Denial of Service Attack，中文为分布式拒绝服务攻击。其攻击方式就是短时间内向网站服务器发送大量请求，消耗网络带宽或系统资源，导致网络或系统负荷过高，然后发生瘫痪。

中心议题。受访企业中有 50% 表示，供应链风险管理和弹性建设将是他们两年内的首要业务任务；同时，有 66% 的受访企业认为，他们的供应链战略需要做出重大改变，以适应新的常态；有 87% 的供应链专业人员计划在未来两年内投资于弹性建设；有 57% 的受访企业计划在未来 12 个月内实施主动风险管理。越来越多的管理者意识到供应链必须变得更加灵活和敏捷，供应链管理需要更强的可见性、可控性和可靠性。

接下来的问题是，企业如何在平衡风险和成本的同时有效增强供应链复原力，以应对随时可能发生的供应链中断？以下 5 点提示可供参考。

一是从供应链网络规划开始考虑风险因素。降低供应链风险需要从规划阶段开始，企业不能指望在产品生产出来后再解决供应链的风险问题。因此，企业需要绘制产品的供应链地图，在从原材料生产商、零部件供应商、制造商、分销商、物流服务商到最终消费者这一全链条上，收集、汇总与产品或服务相关的信息和数据，确定订单和货物在供应链中的角色、工作流程和流程图，识别供应链风险点并制订好应急预案，寻找能提升效率的领域并从源头加以优化，从而减少中断机会和保持竞争力。从供应链规划开始，企业需要识别关键产品及零部件，与核心战略供应商达成严格的规划和供应协议；对于非核心产品或零部件，应减少其对单一供应源的依赖，并尽可能利用本地化资源，因为供应链的本地化可以通过降低物流成本和缩短供应链响应时间，帮助企业降低产品总成本。

二是通过数字化供应链建设，增强全链条可见性。供应链可见性是企业从整个供应链中观察和链接所有事件、交易和货物数据的能力。随着工业 4.0 技术的不断演进与应用正让供应链管理变得越来越智能，但是供应链可见性不足仍是目前许多企业的关键弱点，大约有 70% 的制造商没有端到端全链条的可见性。不过好消息是，已有 88% 的受访企业意识到，端到端供应链可见性比两年前更重要，而且越是以消费者为中心，企业越需要拥有全链条可见性；目前至少有 60% 的受访企业计划增加与包含供应商、分销商、物流商等在内的合作伙伴的数据共享，以便增强供应链可见性。在具体措施上，企业数字化供应链建设是增强供应链端到端可见性的关键。企业需要统一数据标签和接口标准，构建供应链控制塔并将多方数据汇集到其中，打破数据孤岛局面。应用物联网设备也是一项重要举措，可以帮助企业更好地了解生产设备的运转情况、随时了解最新环境状况、跟踪货物运输轨迹、观察整个供应链的温湿度情况等。另外，自动化、人工智能、机器人、区块链等技术也是增强供应链可见性的重要支撑。有研究表明，47%的企业正在加大对自动化的投资力度，同时 39%的企业正在加大对机器人技术的投资力度。

三是增强预测分析能力，做好风险预警。风险管理涉及两个方面，一方面是降低风险发生的可能性，另一方面是削弱风险带来的负面影响。在增强供应链端到端可见性的基础上，风险的预测及预警可以在以上两个方面发挥重要作用。危机管理 PPRR 模型[①]中的第一个 P 便是危机前进行预防，要求采取行动以降低事故发生的可能性或消除事故产生的负面影响。企业可以应用该模型为自身制订有效的风险应对预案，增强应对风险的能力。不确定性增加了风险发生的可能性，但是企业如果能对相关数据进行充分的预测，就可以有效降低企业经营过程中的不确定性，从而更好地管理风险。以毕马威供应链预测工具 P-SCRM 为例，该工具整合了大量与供应链相关的实时内外部数据，通过人工智能分析，对生物危害、汇率波动、监管政策、地缘政治和自然灾害等会影响供应链的风险事件进行实时

① 该模型将危机管理划分为 4 个阶段：危机前预防（Prevention）、危机前准备（Preparation）、危机爆发期反应（Response）和危机结束期恢复（Recovery）。以上 4 个阶段组成危机管理通用模式。

预测，找出未来会干扰经营的事项，并给出应对建议，帮助企业做好管理供应链风险的准备。风险预测工具就像雷达一样，不间断地扫描供应链，及时对供应链风险做出预警，主动管理供应链风险和供应链中断。

四是形成适当的分布式供应与产能。有研究表明，在供应链中断频发的背景下，企业对本地化和区域化的兴趣日益浓厚，多达65%的企业正在积极投资于其原材料供应和生产基地的本地化或区域化，以降低风险并更接近消费者。企业通过在主要消费市场建立生产基地，并以区域生产基地为中心组织本地化供应，形成多条平行供应链，减少对单一来源的依赖。在这种模式下，即使某个区域因风险事件出现原材料无法供应、生产暂停或物流运输受阻，其他区域也不会受到影响，从而减少了供应链中的风险和漏洞，增强了企业的整体韧性。

五是投资于供应商风险管理。有数据显示，89% 的企业在过去 5 年中经历过供应商风险事件，大约有 80% 的供应链中断源于低层供应商，尤其是在地理距离远而导致供应链缺乏可见性时。同时，供应商漏洞正成为供应链网络攻击的重点攻击对象。因此，供应商风险已不仅仅是采购团队关注的话题，企业高管层也已开始关注和讨论关于监测和管理供应商风险的投资。企业应通过应用数字化技术及工具，收集、整合并分析供应商数据，使供应商风险达到 360° 可视化，提高供应商关系的透明度，并将这一做法延伸扩展至供应商的供应商，加强对第三方供应商风险的关注。企业应关注的供应商风险因素包括但不限于运营风险、地缘政治风险、财务风险、法律和合规风险、声誉和信息安全风险等。企业还应根据内部和外部风险数据，确定可能带来最大风险的关键供应商，帮助其制订应急计划，同时寻找有潜力的供应商以制订替代采购策略，从而确保当供应链中断风险来临时，企业可以及时调整以减少其对业务的连续性的影响。

第八节　优化供应链管理的评价指标

供应链管理的目标是降低供应链中的不确定性和风险，从而对库存水平、周转效率、配送效率、总成本及消费者服务水平等产生积极影响。进行有效的供应链管理需要一种积极主动的、注重长期持续改进供应链的管理方式。以消费者为中心的供应链体系，同样需要一套相应的评价指标，以准确反映供应链的表现，并支持供应链的持续改进。

供应链评价指标是定义和量化供应链绩效的特定参数，是围绕供应链管理目标，对供应链整体、各环节进行事前、事中和事后分析、评价的重要工具。通过收集、对比和分析关键供应链评价指标，供应链管理者能够监控供应链各流程的有效性、运作效率以及业务运营情况，发现供应链生态系统中的突出优势和低效率环节，并结合下一阶段的业务规划制订优化目标，帮助企业取得可持续的发展。供应链绩效评价为企业管理者提供必要的反馈信息和数据，是有效规划、管理及决策的基本要素。定期监控、评价企业供应链在 KPI 上的表现，将有助于企业在供应链管理中做出明智的决策，并专注于、投资于能推动企业业务增长的举措。

供应链管理涵盖规划、采购、生产、物流、回收等多个职能环节，既包含内部管理流程、外部合作伙伴协作，也包含对终端消费者的履约交付。也就是说，供应链流程整合了不同层次的价值交付业务流程，加上供应链的复杂结构和不断变化的业务，客观、成功地评价供应链绩效是一项具有挑战性的任务。因此，要发挥上述供应链评价指标的作用，其设定与选择就是其中重要的一步。

指标类别

根据指标的指向性，有机构将供应链评价指标划分为以下五大类别。

一是可靠性和响应性指标：订单完好履约率、订单履约周期时间。

二是与设施相关的性能指标：产能（容量）、单位生产成本、产品生产周期、质量损失、产品品种。

三是与采购相关的绩效指标：应付账款的未付天数、平均采购价格、供应提前时间。

四是与物流相关的性能指标：运输货量、平均运输成本、仓库吞吐量、库存准确率、库存周转次数、平均安全库存、缺货时长。

五是与财务相关的绩效指标：净利率、存货成本、每订单增量固定成本、每单位增量可变成本、平均销售价格、平均订货量、价格水平、销量增幅。

国家标准《供应链管理业务参考模型（GB/T 25103—2010）》根据供应链业务参考模型，定义了用于与客观的、企业外部参考点比较的性能特征和衡量指标，形成了一套通用的供应链性能指标，满足了不同供应链之间相互比较的需要。具体指标如表 4-1 所示。

表 4-1　供应链性能指标

性能指标	面向客户			面向内部	
供应链管理	可靠性	反应能力	柔性	费用	资产 / 利用
配送性能	√				
完成率	√				
订单的完好履约	√				

性能指标	面向客户			面向内部	
供应链管理	可靠性	反应能力	柔性	费用	资产 / 利用
订单完成提前期		√			
供应链响应时间			√		
生产的柔性			√		
供应链管理的总成本				√	
产品销售成本				√	
增值生产力				√	
产品保证 / 退货处理成本				√	
现金周转时间					√
供应库存总天数					√
净资产周转次数					√

好的评价指标应具有围绕业务目标、易于理解、可用数据衡量、取数容易、能对更有效地管理供应链提出见解等特点。不同企业的特点及要求不同，供应链管理者应结合企业的情况，选择并明确适合各自企业的供应链评价指标体系。

可供选择和组合的评价指标

综合已有的供应链评价指标，并结合以消费者为中心的供应链的特征及要求，本书梳理总结了表 4-2 所示供应链评价指标以供选择和组合。

表 4-2　供应链评价指标

评价维度	评价指标	单位	指标简介	计算方法
财务类指标	净利润率	%	衡量供应链的赢利能力	（净利润 / 主营业务收入）× 100%

续表

评价维度	评价指标	单位	指标简介	计算方法
财务类指标	总库存成本	元	类似于绝对库存成本，绝对库存成本是指企业为消费者创造产品而购买或获得的商品、材料和物品的实际成本	每个SKU的数量×SKU的标准成本
	呆滞库存成本	元	暂时不用或者永远没有机会使用的具有风险的库存，简单来说，就是多余及废弃的库存	“呆”库存指过去一段时间内没有任何消耗，并且未来一段时间也没有任何需求的库存。“滞”库存指消耗特别慢，现有库存量超出未来一段时间需求的库存。由于呆滞库存需要注销，这将对资产负债表和损益表产生影响。通常，财务部会对此核销进行预留
	单位库存成本	元	单位平均库存成本	仓库的总成本/装运的总单位
	单位货运成本	元	运输配送的单位平均成本	总货运成本/运输的单位数量
	现金到现金的周期	天	原材料付款和产品被付款之间的天数	库存供应天数+未完成销售天数−物料的平均付款期

续表

评价维度	评价指标	单位	指标简介	计算方法
效率类指标	产能利用率	%	工厂目前利用的生产能力，用于跟踪生产制造的潜在产出是否满足需求	（生产实际小时数 / 生产可用小时数）×100
	库存周转天数	天	衡量一家企业耗尽大量库存所需的平均时间	（平均库存 / 所售货物的成本）× 经历的天数
效率类指标	订单分拣速度	单 / 小时	每小时分拣的订单数量	拣选和包装的订单数量 / 仓库总工时
	满载率	%	车辆实际载货量与核定载货量的比值	（实际载货量 / 核定载货量）×100
可靠性指标	库存准确性	%	用于衡量仓库库存记录与实际库存之间的差异	[1-（绝对差异之和 / 总库存之和）]×100
	订单按时履约率	%	按客户要求日期完成的订单百分比	（按客户要求日期按时交付的订单数量 / 应交付的订单总数）×100
	订单完美履约率	%	满足以下所有标准的订单百分比：完整、准时、无缺陷的交付	（完美订单数量 / 已交付的订单总数）×100
	连续无事故天数	天	连续安全运作未发生事故的天数	考核时的日期 - 最近出现事故的日期

续表

评价维度	评价指标	单位	指标简介	计算方法
预测类指标	产需率	%	在一定时间内，企业供应链各节点已生产的产品（或提供的服务）数与其下游节点（或消费者）对该产品（或服务）的需求数的比值	［一定时期内某节点已生产的产品（或提供的服务）数 / 一定时期内下游节点（或消费者）对该产品（或服务）的需求数］×100
	预测误差	%	实际需求和预测需求之间的差异。预测误差是对不确定性的一种度量，并驱动对不确定性的所有响应，如安全库存和过剩产能	［（实际需求 − 预测需求）/ 实际需求］×100
预测类指标	供应比率	%	在没有延期订单、缺货或丢失的情况下，利用现有库存满足消费者需求的百分比	（订单发布后 24 小时内发货的库存订单 / 库存订单发货总数）×100
响应类指标	订单履约交付周期	天	从订单产生，到货物送到消费者手中被签收的整个平均周期	实际交货日期 − 采购订单创建日期
	新产品上市周期	天	用于衡量产品设计生产对未来任何变化的响应能力（或适应性）	产品上市日期 − 产品概念设计日期

续表

评价维度	评价指标	单位	指标简介	计算方法
复原力指标	供应中断恢复周期	天	用于衡量企业从原材料 / 零部件供应中断中恢复至正常绩效水平的能力	供应恢复日期 – 供应中断日期
	生产中断恢复周期	天	用于衡量企业从生产中断中恢复至正常绩效水平的能力	生产恢复日期 – 生产中断日期
	物流中断恢复周期	天	用于衡量企业从物流中断中恢复至正常绩效水平的能力	物流恢复日期 – 物流中断日期
绿色类指标	货运碳排放	千克	车辆运输过程中产生的碳排放量	考核期内行驶总里程 × 货车每千米油耗量 × 2.778
	水资源消耗量	千克 / 件	生产产品过程中所消耗的水资源	生产过程的水资源消耗量 / 其间所生产产品的数量

CHAPTER 5

第五章

以消费者为中心的供应链实践案例

第一节　犀牛智造：需求驱动的柔性制造工厂

2020 年，阿里巴巴打造的全球首个新制造平台——犀牛智造登上舞台。在发布会当天，犀牛智造工厂就在杭州正式投产了。那么犀牛智造到底是什么呢?

新制造是阿里巴巴继新零售之后又一全新的重要战略布局，旨在通过需求洞察调动后端生产，实现“按需生产，提高效率”，从 5 分钟生产 2000 件相同的产品转变为 5 分钟生产 2000 件不同的产品，实现柔性化生产。根据阿里巴巴及犀牛智造官网发布的内容，犀牛智造是一个专门为中小企业服务的智能化平台，包括需求大脑、数字工艺地图、智能调度中枢、区域中央仓供给网络和柔性智能工厂。

新制造的核心是需求驱动

依托天猫、淘宝等电商平台，阿里巴巴可以帮助生产商更好地在消费者需求中洞察机会。根据阿里巴巴的想法，犀牛智造平台将重构传统的“以产定销”模式，利用云计算、物联网和人工智能技术预测消费趋势、预测预售和生产情况，实现按需研发与生产，解决传统生产模式下高库存和多浪费的痛点，帮助中小企业解决生产供应链中的一系列困难。相对于传统制造来说，犀牛智造提高了生产效率，让生产变得更加有弹性。以服装生产为例，传统制造往往需要提前 4~6 个月组织生产，预测需要生产的数量，通常情况是在夏季生产羽绒服，在冬季生产短裙。这样很难达到让人较为满意的适销率，市场需求一旦出现变化或之前的预测不完善，就将导致所生产出来的服装不能满足市场需求或大量滞销。根据阿里巴巴的介绍，犀牛智造成功地解决了这一问题。在商品生产前，犀牛智造可以用大数据技术对销售端的数据进行分析，从而做到精准预测。另外，阿里巴巴将中小生产工厂整合起来，形成协同生产，从而避免了同质竞争。

说到生产工厂，我们就不得不提到犀牛智造的柔性制造工厂。上文提到阿里巴巴将中小生产工厂整合起来，形成协同生产，这也就是说犀牛智造背后不是一家工厂，而可能是一个工厂群。当旺季来临，订单增多时，犀牛智造就可以把同类产品聚合在一起，让每个工厂生产不同的产品，最后达到相对均衡的需求输入状态，这就很好地解决了产能过剩的问题。这就是阿里巴巴所采用的柔性制造策略，有利于解决服装款式及型号不同、工厂需要生产的产品 SKU 过多以致效率低下以及供过于求等问题。

阿里巴巴优先选择服装行业来尝试新制造，不仅是因为阿里巴巴以销售服装起家，更是因为服装目前仍是淘宝、天猫上的最大品类。在规模达 3 万亿元的服装行业中，阿里巴巴平台占据约 7000 亿元流量，这一庞大的基础有利于阿里巴巴把服装这种准耐用品做成准快消品。而囤货问题一直是服装行业一块难啃的“硬骨头”。在服装行业这个潮流行业中，服装的更新迭代速度很快，往往这一季的服装没有卖完，企业就要想方设法地清仓，否则下一季很难卖掉。此外，季节的变换对服装库存的影响也较大。在传统的服装制造中，秋装其实是夏天生产的“期货”。在这种情况下，如果能够准确判断消费者需求，实行小批量的生产，并且精准预测库存，问题自然可以迎刃而解。

阿里巴巴选择发展柔性制造的另外一个重要原因就是，在传统的服装行业中，大品牌的制造能力强，现金流充足，抗风险能力强；而中小商家在生存与发展方面则比较艰难，并且由于订单体量较小，议价能力较弱，也难以享受优先的生产排期，从而导致整个反应链受到掣肘。如果阿里巴巴不能优先解决这些问题，中小商家在淘宝、天猫上的生存环境将会越来越差，最终的结果将是阿里巴巴自身的生态无法保持良好的运行与发展。

因此，阿里巴巴选择采取柔性制造的策略，将中小商家整合起来，让中小商家分别生产自己的服装，最后进行整合，达到生产上的平衡，从而提高生产效率，减少产品滞销问题，解决中小商家在发展的过程中遇到的难题。

犀牛制造的商业模式

犀牛智造的C2M商业模式，更确切地说是先销后产模式，即制造商先接收订单，然后采购原材料。这种模式连接中小商家，并且追求效率和一定的规模，有利于提高消费者的忠诚度，更加便于中小商家进行精准的预测和营销。传统的商业模式是先产后销加网络电商，即产品被制造出来后，经过经销商层层加价，最后到达消费者手中。与传统模式相比，犀牛智造采取的这种模式，有利于降低库存和经销成本，从而扩大受众群体，同时也满足了消费者的多样化需求。

在阿里巴巴的“犀牛工厂”，阿里巴巴平台上沉淀的消费行为数据为产品设计与生产提供了时尚趋势预判依据，并通过3D快速仿真测试，为原材料采购、工艺优化、商家定价等工作提供更准确的参考依据。同时，“犀牛工厂”借助阿里巴巴的数字化能力，对传统服装供应链进行柔性化改造，为每块面料打上ID，全面追踪面料从进厂、检测、裁剪、缝合再到出厂的全流程；产前排位、生产排期、吊挂线路等步骤也都由智能机器来完成。通过将强大的数字技术与消费者洞察结合起来，“犀牛工厂”打造了全新的数字化新制造模式，运转效率达到服装行业平均水平的4倍，帮助企业缩短75%的交货时间、减少30%的库存占压。

“定义需求”是犀牛智造CEO伍学刚眼中“新制造”的前提条件，“要实现产业供给侧的有效创新，很重要的一点就是需求侧的推动”。犀牛智造实际上重新构建了供需关系——消费者的需求能够快速地转换成工厂生产的命令，同时对消费者的需求进行了研究和预测。与其说犀牛智造的C2M商业模式是一种少量的、小众的个性化定制，不如说是供需关系的精准匹配。

犀牛智造平台希望把数字洞察应用在制造环节，实现真正的产销一体化，帮助中小商家解决生产供应链中的一系列痛点；希望真正实现数据驱动，将消费者洞察、行业洞察与生产环节紧密相连，实现更“聪明”的生产排期、弹性生产。智能制造的前景与规划是好的，但它仍然面临着一系列的问题和挑战，如整个生产模式处于起步阶段、复合型人才不足、基础研发能力弱等。不过，我们期待犀牛智造尽快成长、成熟起来，将新制造模式发展壮大。

第二节　联想：以客户为中心的智能质量管理模式

如今，全球的经济结构发生了明显的改变，数字化发展进一步加速。在高度信息化的今天，创新发展管理模式，从而适应质量管理的新要求、新理念，已经成为企业高度关注的问题。

信息网络技术的不断进步和企业业务的不断创新，提出了各种各样的新要求。这些新要求彻底打破了企业原有的管理层和供应层的格局，使联想不得不面对因企业组织架构覆盖范围广、涉及职务杂、人员流动性高而产生的服务不标准、岗位不统一、管理调度难等问题。联想在这种情况下不得不创造新的管理模式，以解决企业内部存在的一系列主要问题。于是，联想采用了以客户为中心的智能质量管理模式。这并不是一时之念，早在2004年，联想就有意发展以客户为中心的管理模式，也一直在探索该模式。如今，加上智能管理，联想终于形成了适合自己的管理模式。

《联想智能制造行业白皮书（2020版）》中，联想将其“以客户为中心智能质量管理模式”的精髓归纳总结为1个理念和5个特点：1个理念指“好质量，一起做，为每一个客户”；5个特点分别指聚焦客户、标准引领、源头预防、生态共赢、智能驱动。白皮书中重点解释了“智能驱动”的内涵，即联想对全价值链上的产品数据、客户数据、设备数据进行采集，并集成到联想统一的数据平台上，之后结合质量管理的业务需求，应用机器学习、建模运算等方式精准使用这些数据，最后通过统一的质量数据系统门户网站，客户、合作伙伴和联想内部实现协同合作，驱动科学决策，高效运营和质量创新。

联想的智能管理模式

现如今，质量的主要载体已不再局限于一个企业的主要产品。随着企业质量服务管理体系理论的不断深入发展，质量的主要载体将由传统制造业中的产品向各种企业组织所能生产出的质量服务和产品转变。同时，质量的管理在方法上将与计算机更加紧密地结合在一起。联想从这一角度出发，深刻把握市场需求，大刀阔斧地推进新模式，打造以客户为中心的智能质量管理模式。

在新一代基建建设的浪潮中，云计算、大数据、物联网、人工智能等新兴技术在现代企业经营环境中快速发展，IT 智能服务运维管理的结构复杂程度也随之提高。但同时，智能服务管理模式仍然是每个企业的最优解，联想也不例外。联想智慧服务作为我国最大的企业 IT 智能服务运维管理服务提供商和国内领先的企业智能化服务专业管理服务提供商，为客户提供从评估、规划、设计，到交付、运维、服务质量提升的全周期的 IT 服务。而推行以客户为中心的发展理念更是适应经济变化的一项重大决策，因为现如今传统的 IT 运维服务已经不能适应市场需求了。联想通过与客户多年的沟通、交流与合作，逐渐触及客户的深度需求层面，从客户视角出发，把每一环节的客户需求落到实处，强化以客户为中心的理念。

大客户服务

联想针对当前广大客户的实际情况，通过云计算及互联网技术分析了广大客户的具体服务需求，根据当前广大客户普遍关心的服务问题，设计了许多特殊的服务，如主动管理服务、总分管理部门服务、一体化的主动服务、技术支持优惠政策等，同时还设立了服务云体系，使服务更加贴合客户需求。

联想为商用电脑客户企业提供了更多专业、便捷的服务：通过微信建立"联想商用服务"微信官方公众号，为联想商用客户企业提供 7 × 24 小时专业、便捷的微信互联网服务。客户只要通过微信填写工作单位名称、手机号、姓名、注册号码认证，就可以轻松享受联想提供的在线产品使用指南、在线产品报修、售前咨询、售后服务咨询、产品相关信息在线查询等多种服务。联想充分利用微信二维码识别、LBS、在线网点、地图导航等多种技术手段，既为商用电脑客户企业提供了更好的交互使用体验，方便了商用电脑客户企业快捷地实现相互连接，又为自己处理商用电脑产品在使用、管理过程中出现的各种安全问题提供了便利。

联想服务云体系的建立使服务变得更加简单。联想结合 20 多年来的服务经验和成功实践，融合内外部资源，创造性地打造了国内首个全流程、全环节、全生态数字化服务平台：联想智慧服务云平台。该平台统筹在线服务中心、呼叫中心、总控中心等线上资源和服务工程师、服务网点等线下资源，协同调度设备、配件、仓储、运输、服务人员等资源，为商用客户提供产品售后服务和 IT 服务等场景下的端到端解决方案。线下和线下服务能力的有效整合，使联想实现了更大的超越。

联想实现了对多个城市的服务全覆盖。全过程数字化管理及专业的培训体系，使得联想能够更专注于自己的核心业务。联想目前拥有强大的核心技术支持工程师服务管理人才队伍。服务管理体系包括联想的一线企业客户管理服务工程师、二线客户服务核心技术支持管理工程师、专项客户管理专家等。不同管理职能层级的技术人员共同组成了联想的多功能管理层级，为联想的优化和一线客户服务提供了强劲的技术支持，保证了联想客户遇到的各类技术疑难问题能被迅速、高效地解决。

同时，联想具有强大的综合供应链管理服务系统。联想已经在全国各地建立了两个城市备件管理中心库、18个区域城市备件中心分库和近1000个全国一线城市备件库，通过高效率的物流系统运作配送备件，次日实时备件送达率远超90%，为快速、高效地解决广大客户的备件需求问题提供了强有力的服务保障，增强了联想综合业务计划的高度高效协调与实时快速反应处理能力，增强了链上链下企业的高效协同运作能力，保证了联想生产链和供货链各环节的正常顺利运行，为客户提供了最佳的消费体验。

作为国内知名IT移动设备软件制造商和IT基础服务提供商，联想一直以来都致力于为广大客户提供全生命周期的基础服务支持产品和整体解决应用方案。凭借在业内领先的企业服务产品交付管理平台、安全的企业服务质量保障体系、覆盖范围较广的企业服务网络和强大的解决应用方案，联想能够帮助广大客户快速获得从基础产品和技术支持，从增值基础服务支持到整体解决应用方案的最佳IT基础服务应用体验。

通过分析，我们可以看到联想在服务方面的优势有人才优势、管理优势、体系优势和技术优势。联想没有自视甚高，一直跟随时代的发展而进步，改进自己的管理模式，从而形成了如今以客户为中心的智能质量管理模式，从而在大数据时代的服务管理领域更进一步。

第三节　优衣库：以消费者体验为中心的数据和技术

在我国，服装零售行业迅速发展，消费者需求呈现出愈加复杂的趋势。特别是年轻群体，他们非常在意性价比与品牌，也重视服装的舒适程度，更期望将自己的爱好与个性充分展现出来。如今的消费者并不只是在线下消费，也在线下体验、线上消费。消费者产生购买行为往往不再是因为品牌的各种广告，更多的是因为朋友之间相互推荐，或者在各种网站上看到自己关注的博主推荐了某品牌。消费者行为的改变，线上与线下业务的融合，促使优衣库向着数字化方向转型，以求为消费者提供良好的全渠道数字化购物体验。

优衣库的模式

随着电商行业的快速发展，全球服装行业面临巨大的冲击，许多服装品牌由于进入低迷状态中，需要减少库存与收缩市场，以实现收入与利润的良好平衡。2018 年，优衣库推出了“掌上旗舰店”，使消费者能够通过微信小程序与官网等渠道购买服装。同时，优衣库的线上平台、线下门店与消费者建立了数字化的联系，如优衣库的社交媒体账号与电商平台融合，使消费者可以在抖音、微博、微信小程序等社交媒体打开优衣库的旗舰店页面，看到新品资讯、优惠信息和穿搭建议。消费者可以在不同平台上购买服装，同时也可以选择去线下门店自提购买的服装。这种新零售体验满足了消费者购买商品的欲望，同时解决了消费者休闲时间不多的问题。此外，门店工作人员也与网店相辅相成，如消费者在网上提交订单后，线下门店最快一小时就可以完成备货，如果消费者在试穿后发现尺寸不合适，工作人员还提供免费的修改服务。

在此模式下，优衣库实现了线上与线下多个情景的有效融合，使消费者不仅能在第一时间看到与穿搭有关的建议，而且能在第一时间预购设计师款并及时购买。消费者不仅能够了解时尚信息，也能够通过网店与门店等途径，查看服装的颜色和尺码等。

消费者通过线上渠道购买优衣库的服装以后，可以到门店自提。到店自提服务既减少了快递运输过程的时间耗损，也可以让消费者在店内试穿，从而降低退换货风险。

在电商行业快速发展的大环境下，许多企业探寻出了新的发展路径，其中微信已经变成了新的流量来源。消费者在阅读文章或观看朋友圈广告以后，可能会产生购买欲望和热情。通过微信小程序，消费者能够及时购买商品。在“掌上旗舰店”开通以后，经过对数据信息的有效整合和分析，优衣库一方面能够构建消费者画像，另一方面和消费者之间的关系也出现了明显的变化——由之前的单向流量触达向立体化的“数字触达”过渡。

优衣库通过线上线下多渠道、多触点触达目标消费者，并运用先进的数字化运营工具交互式管控“数字触点”，以实现全场景的有效协调并为消费者提供高质量的服务，从而实现消费者体验的全面优化。

消费者体验是品牌最重视的

长时间以来，优衣库的品牌口碑是被业界所羡慕的。年轻人和中年人都属于优衣库的潜在消费者群体。虽然广告不多，但是优衣库的线上产品比较多，并且消费者对其认同度比较高。如何获得更多消费者的信赖？优衣库的答案是重视品牌价值。优衣库将该观念渗透进营销中，不断提高产品、服务质量，全面优化消费者体验。相关调查表明，消费者在门店或网店采购时，展现出新型需求的发展趋势，即大部分消费者都会听取朋友的建议，这使品牌口碑变成了重要的参考因素。优衣库在不断转变，但是其转变方向仍和消费群体紧密联系。在数字化转型的过程中，优衣库始终把消费者体验作为唯一的核心。

在产品设计方面，优衣库更加注重贴合消费者的个性化需求。部分服装设计仅考虑时尚场合的穿搭需求，但是优衣库的服装设计更细致地考虑到了消费者在日常生活场景中的具体需求。例如，针对南方地区和北方地区的温度差异，优衣库的 HEATTECH 系列推出了 3 种厚度，分别是高舒暖、多舒暖和轻舒暖；而 INES 系列不管是在剪裁还是设计等方面都非常讲究，更加适合商务人士。为了满足消费者的个性化、多样化需求，优衣库的“掌上旗舰店”进行了多个方面的设计。例如，能够依照不一样的穿衣场景，结合季节因素，为消费者提供穿搭方面的推荐；消费者在看完之后如果感兴趣，既可在线上直接购买，也可以到门店试穿。

在设计过程中遇到各部门有分歧时，优衣库的做法是谁的设计能更好地改善消费者体验就采纳谁的设计。如此一来，优衣库内部的工作活力增强，大大减少了“部门主义”现象，从而能更好地为消费者服务。

优衣库将场景消费融入各渠道中，运用数字化技术实现线上线下的无缝衔接，为消费者提供便捷的消费体验。而在这一过程中，优衣库长时间坚持“工具论”——数据和技术仅仅是工具，优衣库将服务于人当作根本。优衣库在发展时，一直坚持智慧不是因为拥有许多的数据，或者运用了先进的技术，而是因为提供了良好的消费者体验与优质产品。

也就是说，数据和技术仅仅是外在，良好的消费者体验与优质产品才是核心。

在优衣库的经营理念中，最为重要的便是顺应消费者需求、创造消费者需求。优衣库创始人柳井正认为，消费者是非常挑剔的，没有消费者愿意将金钱花费在不会改变的店铺中，消费者追求的是良好的体验及优质的产品。所以柳井正觉得“消费者满意”主要指的是通过超出消费者期望的方式，把消费者需要的服装提供给他们，即要在洞察消费者实际需求的前提下，将设计与生产的创造力、联想力充分发挥出来，把消费者需求变成现实，并超出消费者的期待。在这样的情形下，企业才可以创造出消费者需要的产品，将产品价值充分展现出来。

优衣库实现了线下自收银门店库存的电子化管理：消费者能够在线浏览门店库存，实现居家逛街，如果在线上浏览到喜爱的产品，可以到店自助试衣。与此同时，优衣库也提供门店急送服务，消费者在线上下单以后，可以选择门店急送。在“掌上旗舰店”推出以后，优衣库凭借主题化与标签化等活动，吸引消费者回流，实现了产品和场景的有效结合，以及人、货物与流量的打通，让消费者获得了良好的数字化体验；运用智能买手方法，从数字搭配师、语音导购着手，为消费者带来了良好的体验。

优衣库为其他服装零售企业的转型提供了借鉴。服装零售企业要将消费者需求放在重要位置，进而触及更多的消费群体，实现产品与实际生活场景的良好连接，从而实现良好的发展。

第四节　亚马逊：致力于成为全球最“以消费者为中心”的公司

如今，亚马逊不仅拥有将近3亿名全球用户，而且拥有190多万家第三方卖家。亚马逊深知消费者思维、消费者体验的重要性，始终秉持“消费者至上”的原则，为消费者提供丰富多样、价格实惠、配送快捷的商品，并为消费者、卖家和品牌创造值得信赖的购物或销售体验。

满足消费者一切想说却还没说出来的需求

亚马逊在发展过程中从消费者着手，将消费者放在第一位，以获得更多消费者的信赖，提高消费者的认同度与接受度。亚马逊严格遵守“消费者至上”的重要原则，如在面对消费群体的时候，亚马逊创始人贝索斯达到了痴迷的状态——他拥有非常特殊的能力，会将自己变成消费者，提出消费者想说却还没说出来的建议或需求。

贝索斯展现出了非凡的经营才能，他能在确定目标以前，把消费者服务的真相充分解读出来，内容如下。

第一，消费者在不满意的时候，会将不满告诉自己的亲朋好友，而亲朋好友会告诉其他人。

第二，理想化的消费者服务是没有消费者服务，良好体验主要体现为消费者不需要向其他人求助。

在很久以前，贝索斯便意识到，在消费者服务方面，人的介入会导致事情变得更加混乱，会对消费群体的体验产生不良影响。因此，他认为要营造舒适、良好的消费者体验，应凭借技术革新、流程创新，不断减少“人”的因素并缩小人介入的范围。当然了，这并不是说亚马逊要打造一个“无人化”企业，而是说要尽量减少优秀工作人员平时花在沟通上的精力与时间，让他们可以更专注于持续创新，进而提高消费者满意度。

贝索斯具备的敏锐的观察力与洞察力，使他会采取不一样的措施。在 20 世纪 90 年代末，消费者几乎不会在亚马逊网站中发现消费者服务部的联系方式，这主要是因为亚马逊研究、开发出了非常强大的系统，该系统可以在没有人工干预的情况下，及时对消费者的服务请求进行处理。因为大部分消费者重视的问题是自己购买的东西运输到哪儿了，而在线跟踪工具能够让消费者了解购买的货物的运输轨迹。

贝索斯指出，消费者其实并不喜爱与服务人员进行沟通、交流，亚马逊可以提供工具及数据等，让消费群体实现“自给自足”。

别总盯着竞争对手

1990 年，在许多人不了解电子商务的时候，贝索斯凭借自身的行动，展现出了电子商务的巨大潜力。1995—2000 年，亚马逊凭借惊人的成长速度，创造了电子商务领域的神话。亚马逊的快速成长，除了离不开时代机遇，还离不开其与众不同的运营思维。

亚马逊中国前副总裁在第一次参加亚马逊季度企业对标分析时，习惯性地对比分析了亚马逊与阿里巴巴、京东等竞争对手的优劣并提出改进方案，没想到这一做法遭到了亚马逊的反对，因为亚马逊推崇的不是这种思维。为了降低风险，大部分企业会采用跟随策略，重视研究竞争对手的“打法”，并模仿其成功之处。但贝索斯的观点是，不用过于关注竞争对手，应重点关注能为消费者创造什么价值。亚马逊希望员工能把更多的时间花在思考如何满足消费者的核心需求上，站在消费者的立场，思考他们最需要什么样的平台、最需要什么样的产品、最需要什么样的服务。

零售行业是不断改变的，贝索斯觉得不会改变的仅有 3 个方面：第一，无限选择；第二，最低价格；第三，及时配送。因此，亚马逊更重视将关注点放在消费者身上，以消费者为中心，这在很大程度上增强了亚马逊的竞争力，展现出其优势。

为了保障消费者能买到正品，亚马逊对假货持“零容忍”的态度。在 2020 年，亚马逊投资了 7 亿元，并且雇佣了超过 1 万名工作人员对售假行为进行打击，通过采取有效措施阻止了逾 600 万次异常卖家账户注册，拦截并销毁了 200 多万件假货，阻止不良行为者上架假货，进而让消费者可以在亚马逊商城中买到正品。目前，亚马逊的假货投诉率低于万分之一。

为了让消费者享受到更好的配送服务，亚马逊不断加强末端配送网络建设，其 2020 年增加的资本投资中，有一半用于配送方面——开设更多的分拣中心和配送站。随着亚马逊分拣中心和配送站的增加，它的库存越来越接近更多的消费者。据瑞银集团（UBS）分析，2018 年，亚马逊配送站的 60 分钟车程半径覆盖了 51% 的美国人口，而到 2021 年，这一数据提升至 77%。库存前置能保证配送服务的及时性，让消费者可以及时收到自己需要的商品，这样可以吸引更多的消费者。

那封令人恐慌的邮件

贝索斯指出，亚马逊是以消费者为中心的企业，亚马逊的经营、发展围绕消费者购物体验而展开，亚马逊的经营指标主要根据消费者需求设计。

贝索斯认为，消费者总是对的。这样的认知是否过头了呢？并不过头，贝索斯在这一方面非常认真。

在亚马逊内部，有一类电子邮件非常容易让亚马逊的员工感到恐慌。这类邮件便是消费者直接发给贝索斯的邮件。因为贝索斯对外公开了他的一个邮箱地址，消费者在有疑问或要投诉时可以直接向这个邮箱地址发送邮件。贝索斯不仅会阅读消费者的投诉邮件，也会将其直接转发给相关的工作人员，并且转发时会附上一个问号。工作人员在收到此类邮件时，通常会感觉“大难临头”。

2010年，有消费者仅仅因浏览过润滑剂相关产品，便接到了类似产品的推送邮件。该消费者将此事投诉至贝索斯处。在此之后，贝索斯指出要关闭此类产品的自动推送渠道，认为不管能获得多少收益都不可以消耗消费者的信赖感。此后，亚马逊打造了过滤工具，不再向消费者推送敏感类产品信息。

为了提高消费者的体验度，亚马逊设置了“优化消费者体验专员”，由专门人员担任。亚马逊的高管们被定期安排加入客服团队，以便让身居高位的管理层也有直接服务消费者的经验，使之时刻牢记“以消费者为中心”。同时，亚马逊在开会的时候，会留下多余的椅子，让工作人员在开会时将其想象成消费者，考虑其感受，以便努力为消费者提供优质的服务与体验。

第五节　孩子王：以数字化提升零售效率和优化消费者体验

孩子王，2009 年 7 月创立于南京，主要从事与准妈妈及 0~14 岁婴童相关的商品零售及增值服务业务，是一家由数据驱动的、基于消费者关系经营的创新型新家庭全渠道服务提供商。

自设立以来，孩子王通过“科技力量 + 人性化服务”，深度挖掘消费者需求，通过大量场景互动，建立高黏度的消费群体基础，开创了以会员为核心资产的“商品 + 服务 + 社交”的大店模式、育儿顾问式服务模式、重度会员制下的单客经济模式等经营模式，为消费者提供差异化商品服务、个性化育儿服务、多元化互动社交服务、本地化宝宝成长服务等特色服务。

近年来，孩子王业务实现快速增长，2017—2020 年营业收入分别达到 52.4 亿元、66.7 亿元、82.4 亿元和 83.55 亿元。支撑其业务快速发展的主要有品牌优势、全渠道融合优势、会员经济优势、育儿顾问服务优势、数字化技术优势、供应链管理优势六大竞争优势。此外，数字化供应链体系也是孩子王实现快速发展的重要支撑。

“数字化”是指利用移动互联网、云计算、大数据、人工智能等新技术，围绕消费者的消费需求和行为特征变化，重塑消费者营销、渠道销售、商品供应链等业务流程，提升零售效率和优化消费者体验。我们从供应商管理数字化、补货数字化、物流数字化 3 个方面来一探究竟。

供应商管理数字化

孩子王自2016年开始，面向3000余家供应商上线运行“孩子王供应链协同平台”，汇集POP平台（Pctowap Open Platform Pctowap，开发平台）、全球购、自营、线下联营、成长 & 育儿服务合作模式入口，打造集“开放库存、订单跟踪、物流规划、商品溯源、结算管理、税务在线”等于一体的供应链协同服务，为供应商提供自动化对账、结算、开票、销售及订货数据在线化等服务，并通过电子价签帮助供应商实现商品门店在线化、商品活动自动化及消费者评论商品智能推荐等服务。2019年，孩子王推出了商家管理中心、经营中心、工具中心和广告中心等一系列赋能B端的数字化产品，并以非常低的价格“租”给供应商使用，其数字化工具服务费仅为400元 /（年 • 品类），如图5-1所示。

四大分类	二级分类名称	技术服务费（包含支付平台服务费、会员积分费）的占比	平台使用费（元 / 月）	保证金（万元）	年费（万元）	数字化工具服务费（元 / 年）
玩具	婴幼玩具	10%	500	3	1	400
玩具	拼插拼图	10%	500	3	1	400
玩具	模型玩具	10%	500	3	1	400
玩具	潮流玩具	10%	500	3	1	400
玩具	女孩玩具	10%	500	3	1	400
玩具	玩偶玩具	10%	500	3	1	400
玩具	季节玩具	10%	500	3	1	400
玩具	婴童户外运动	10%	500	3	1	400
玩具	文教用品	10%	500	3	1	400
玩具	儿童智能科技	10%	500	3	1	400
玩具	图书	10%	500	3	1	400
玩具	婴童礼品	10%	500	3	1	400
纺织	婴幼外服	11%	500	3	1	400
纺织	儿童外服	11%	500	3	1	400
纺织	童鞋	11%	500	3	1	400
纺织	婴童内衣	11%	500	3	1	400
纺织	婴童服装配饰	11%	500	3	1	400

图片来源：孩子王官网

图5-1 2019年孩子王开放平台部分品类资费标准

目前，孩子王供应链协同平台年处理供应链规模超过百亿元，为超千家供应链厂商提供实时在线的供应链信息系统服务，同时积极拓展下游服务商，并打通与主流第三方物流公司的信息接口，实现了超过90%的物流、信息流、资金流的在线处理。

补货数字化

2018年，孩子王自主研发并上线了自动补货系统。如图5-2所示，该系统能根据历史销售数据、门店销量预测、采购周期、SKU库存情况、在途订单情况、配送方式以及供应商参数等因素构建数字化补货模型，自动生成补货建议，最终形成采购订单或配送订单，满足门店的日常补货需求。之后，孩子王又根据门店类型、商品类型、订单类型等的不同进一步优化数字化补货模型，如优化小单生成时间，建立常规商品、经济批量、季节商品、特殊商品4种商品模型，将门店进行结构化、参数化，……进而提高整体采购效率，实现稳健可靠、精准高效的库存管理，避免出现门店、仓库库存不足或分配不均衡的情况。

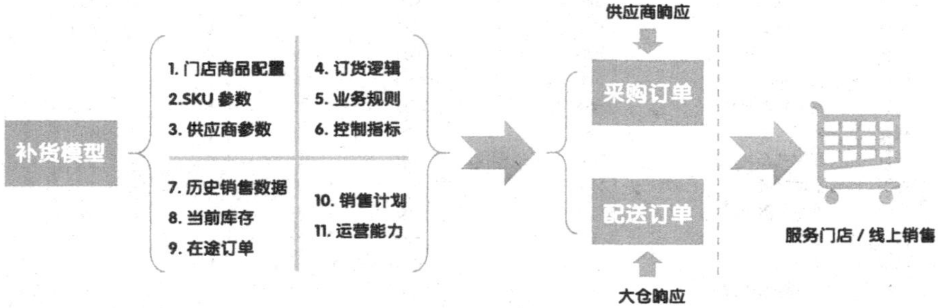

图片来源：孩子王招股书

图5-2　孩子王的数字化补货模型

物流数字化

为保障配送时效和服务水平，优化消费者购物体验，依据门店的分布情况，孩子王建立了包括中央仓、区域仓和城市仓在内的三级仓储体系，仓储总面积超过 12 万平方米；同时将门店视为前置仓，以满足线上线下全渠道融合发展的需要。

中央仓仅有一个，位于南京，是孩子王自建的全自动化智慧仓，主要负责全国区域仓、华东区域的城市仓以及华东区域无城市仓覆盖的门店的订单配送和线上订单配送；区域仓有 4 个，分布于武汉、成都、天津、佛山，具备较强的辐射能力和库存储备能力，仓储面积为 2000~8000 平方米，其配送范围主要覆盖华中、华北、华南和西南等区域的城市仓以及部分无区域仓覆盖的门店，一般保证一周配送 3 次；城市仓有 16 个，分布于盐城、常州、郑州、淮安、扬州、昆山、重庆、合肥、杭州、芜湖、青岛、宜昌、西安、长沙、阜阳、济南，负责就近完成该区域的支线仓配业务，更聚焦于配送的时效和频次，可以根据门店需求保证日配等。而在继南京智慧物流园之后，孩子王又计划在成都国际铁路港建造占地超过 6 万平方米的“孩子王西南智慧物流基地”，并通过应用 GS1 标准、循环托盘、自动分拣设备、物流机器人设备等，提升物流仓配的数智化水平。

孩子王通过应用新兴技术，将商家、门店、仓库、物流承运商的数据全面打通，实现了分层规范建设，整合了 B2B、B2C、O2O、线下门店等不同渠道的库存，并结合销售预计、供货周期等几十项参数形成补货需求供门店使用，有效提高了企业的仓储管理效率。孩子王以仓储为节点，以供应链数据为核心，通过全渠道全链路智慧物流，赋能母婴童新零售发展。